向博士生學K書真本事

人人可用的讀書搶分秘訣

讀考密技情資小組　著

序

雙效合一讀書法，就在本書中！

「博士生，一定都很會念書吧!?」

「如果能向很會念書的博士生學習讀書技巧，那麼，該有多好！」

現在的你，是否即將或正在面臨考試，並需要更有效的讀書考試方法？

如果是，那麼，不妨向博士生們取經。

由於博士生要念的書，可說既深且多，如果沒有一定的讀書方法，很難在浩瀚書海中，通過各個關卡。

在了解到這一點後，我們開始尋找熱心提供個人讀書撇步的博士生們，並透過訪問，挖掘到博士生們特殊的記憶方式、筆記技巧，也得知提高讀書效率、突破瓶頸的方法，更彙整了博士生們的搶分秘訣，期能讓想讀書，想尋找更佳讀書方法的朋友們在看了本書後，有如「醍醐灌頂」，更上一層樓。

這本書，是爲所有想得到更有效讀書方法的人所寫的書。就讓你我跟著有讀書技巧的博士生們學習，在提高讀書效率的同時，也能看到效果，達成「雙效合一」、愈讀愈有成就感的境界。

本書能夠從無到有，要感謝的人十分地多，除了圓神出版機構、如何出版社的優秀團隊，以及在本書中願意具名/不具名的博士生們外，還要感謝周行一教授、黃秉榮先生、唐源笙先生、林見彥先生、廖云薇小姐、金小梅小姐、許碧珊小姐、羅世賢先生、馮柏元先生、周嘉慧小姐……等社會賢達，在百忙中仍然不厭其煩地，對於本書提供各式有益的協助。

contents

03 博士生牢抓記憶不藏私

contents

05 博士生提高效率不藏私

c o n t e n t s

c o n t e n t s

01 博士生的學習特寫

成為博士生，需要智慧、耐力和毅力；在博士養成的過程中，更需要思考力和讀書力，真是很不簡單啊！

相信自己能，就做得到

曾妍潔

高中：私立東南工專電機工程科
大學：私立中國文化大學建築及都市設計系
碩士：國立台北科技大學建築及都市計畫研究所
博士：國立台灣大學環境工程研究所
最擅長科目：國文、作文、自然、歷史

擁有台大博士生學歷的曾妍潔，在訪問前直說自己「不是很標準的台大學生」，因爲她的求學歷程跟多數台大學生相較，可說是十分曲折。

原來，國小時功課都名列前茅的妍潔，在國中遇到了一位會打學生的老師，讓她變得完全放棄念書，每當與老師處得不愉快時，美術教室就成爲她的「避難室」，蹺課的她總是在這進行著她最愛的畫畫、拉坯，完成一件件作品。

國中幾乎不念書的妍潔，考高中時成績當然十分不理想，雖然因美術比賽推甄上士林家商室內設計科，但住在深坑的她選擇了離家最近的東南工專（現改爲東南技術學院），並選讀了與家中事業有關的電機工程科。之後發現，儘管其他科目都不錯，但數學和物理卻總是被當，也因青春期的叛逆，每每跟著朋友去飆車，還因此兩度進出警察局。

即使如此，妍潔對畫畫的熱情完全不減。只要有時間，妍潔就會拿起紙筆作畫，她畫的不是漫畫美少女，也不是人物肖像，而是以風景、房子爲主題。

因此，在五專畢業後，妍潔還是選擇回到原本有興趣的科系，以設計九十五分的高分，插大進入文化大學「建築及都市設計系」二年級，從此改變了她的人生。

對於建築物有著濃厚興趣的她，即使以插班生的身份進入大學，面對從未修過的科目及課業壓力，她的成績卻依然令人側目，除擔任學生會副會長並參與學生活動，在大四畢業那年當選畢業班班代表，爲同學服務；同時因利用獎學金照顧校園流浪狗的事蹟，無意間被校園記者發現受到校刊及電視媒體訪問，在二〇〇四年成爲文化大學推薦十大傑出青年候選人之一，求學三年下來共拿了五次的獎學金，畢業時不但拿到品學兼優獎，所有學期積分加總也是系上第二名。

在大學時，妍潔就很確切的知道，自己對於建築方面的熱愛，也不想從此中斷學習，考取了台北科技大學，成爲一名碩士生。

碩士的學習，均以原文書居多，這讓英文很差的妍潔，徹底地興起到美國學語文的想法，基於不想花父母的錢，在碩畢一年後，她帶著打工的存款，又貸款十二萬元台幣，離開了台灣，飛向太平洋的彼岸，到休士頓大學城區部念語言班。

在美國一年的時間，妍潔強迫自己完全浸泡在英文的環境，除了語言班的課程外，她也儘量給自己與外國人談話的機會，即使迷路也用破破的英文問路，甚至幫助外國友人處理網拍方面的事務，也因爲常看英文、常說英文，上課傳紙條也用英文，全日置身於英文環境中，使得妍潔的英文表達力在一年內快速地提升。

除了對建築的興趣外，妍潔對於綠建築及環境保育與氣候的變遷，也十分地關切，此時，又想到：如果可以將建築環工這兩者結合，不是很好嗎？

於是，從美國回台後，她決定報考台大環境工程研究所，並以第一名的優異成績進入。

博士班的學程，跟大學、碩士較不同，進入博士班後，必須再通過「資格考」，才能成爲「博士候選人」。「資格考」分爲筆試和口試，以台大環工所來說，共要考九科，其中約有一半的科目，都是妍潔不曾學過的，可說是相當地不利。

爲此，妍潔的博士班課程排得十分緊湊，在博一時，班上同學一星期或許只需要到學校兩天，妍潔卻因課程滿堂幾乎天天到學校報到。

此外，她不浪費時間的個性，也在此時徹底顯露出來。大部分的博士生，都選擇在二年級時考資格考，妍潔卻在一年級時，就通過了筆試，她認爲時間不等人，所以更要加緊腳步。

一次就通過筆試的妍潔，在準備資格考時，也做了筆記，她的筆記，就成爲了同學、學弟妹的至寶，可說是筆記班長。

通過資格考筆試後，博二的她，一方面繼續著博士班課程，一方面也準備考第二次的建築師考試，希望能夠雙管齊下。

從小，妍潔就對於動物有著特別的喜愛，經常將流浪狗撿回家的她，最高紀錄曾經養過五十四隻流浪狗。

在美國念書時，妍潔發現美國雖然也會捕捉流浪狗、也會讓狗狗安樂死，但還是較尊重動物的生命權。

當時養了流浪貓的她，觀察到美國有許多私人開設的貓狗收容機構，並以貓狗的體積來收費（如大貓一隻收三十元美金），且完全不會因為貓狗的外表、殘障或其他原因拒收，令她了解原來有這樣的做法，並許了一個建立「綠能建築——流浪動物暨野生動物關懷中心」的願景。

妍潔也很建議大家可以到國外念語言，但要去就不要像溫室的花朵，而是儘量靠自己的力量生活，她也住在所謂的「蟑螂屋」（意指非常破舊的老房子），體會不同於台灣有家人悉心照料的生活，一年下來，將會讓人變得更獨立成熟，改變非常大。

「還有，我覺得想像力也十分重要」——在美國時，妍潔曾經帶來自台灣的小朋友到NASA做活動，發現台灣的小朋友跟國外小朋友最大的不同是，當老師一聲令下說「開始」時，國外的小朋友就立即動手，錯了再請老師指導，但台灣的小朋友卻不知從何下手，而是希望老師給方向或下指令，十分怕做錯，也因此較缺少想像力和嘗試的勇氣。

回想一路走來的讀書路，妍潔認為興趣真的很重要，「不要因為哪一科很賺錢就去念，而是要念自己有興趣的東西。」

幕後報導

從兩度進出警察局的「不良少女」，到最高學府台大博士班，曾妍潔的求學歷程的確讓人跌破眼鏡。

說穿了，都要歸功於妍潔有一位很開明的父親。

妍潔的父親，對於小孩十分疼愛，從不因為成績來論斷孩子的好壞，也很支持孩子的想法。

妍潔記得，不論是在小的時候，父親聽到她想當「殯儀館化妝師」時；或是二度在警察局等著父親領回時，父親都沒有任何一點兒笑她、罵她、放棄她的想法，也因為父親的慈愛，讓妍潔決定「不要再讓爸爸傷心」。

原本就十分有想法的她，在「想通了」之後，往她最有興趣的建築之路前進，從此，人生有了一片不同的風景，也讓我們看到了「實現興趣的重要」。

英文，從看小說開始

林宜莊
高中：國立台中文華高中
大學：國立清華大學外語系
碩士：國立成功大學外文研究所
博士：英國德倫大學英語研究所
（University of Durham, English Studies）
最擅長科目：英文、歷史、地球科學

「大學時，你想念哪一門科系呢？」

對於不曉得如何選擇的學生來說，如果能夠愈早發現自己的興趣，並朝著這個興趣前進，實在是再好也不過的事情了。

相較於「看分數落點在哪兒，就讀哪兒」的學生而言，林宜莊則在很小的時候，就知道自己未來要走的路。

擁有一位博士學歷的媽媽，宜莊在小學三年級時，因爲媽媽出國念博士，也跟著媽媽到美國居住，雖然只有兩年，但在兩年的美國生活中，宜莊感受到媽媽與來自各國同學們良好的互動與交流，心中也種下了「未來要到國外念博士」的想法。

因此，宜莊從大學開始的求學生涯，都不脫離外文相關科系，在成功大學外文碩士班畢業後，如願考上英國排名第六名的「德倫大學」，並攻讀英語文學系。（按：排名來源《英國泰晤士報》，二〇一一年）

「妳的英文這麼好，是不是從幼稚園時就開始接觸？」許多人看到宜莊的學歷，並得知宜莊的媽媽也是畢業自外文系時，都十分好奇宜莊學習英文的經過。

「雖然我的媽媽也是外文系，卻不曾很主動地教我英文。」回憶英文學習的歷程，宜莊說，眞正學英文，是跟媽媽到美國的那一段時間，在赴美之前，她「根本不認識幾個英文字」，甚至連二十六個英文字母都不熟。

但是，僅短短兩年，宜莊的英文從零開始突飛猛進，這是如何做到的？

「因爲我很喜歡看小說。」宜莊說，她從小就十分愛歡看書，尤其是故事書。到了美國，在沒有中文故事書可看的情況下，宜莊也只能看英文故事書，就這樣一本接一本，從薄薄幾頁的故事書，到短篇、中篇，甚至長篇小說。「爲了維持閱讀不被打斷，就算有些單字我看不懂，也不會一直查，還是可以從單字出現的前後句子，漸漸知道單字的意思。」

就這樣，宜莊從一次次的閱讀中，英文能力也快速地增強。

除此之外，看電視、迪士尼卡通也是讓英文變好的方法。

睡前，宜莊也會讓迪士尼的錄音帶伴她入睡。

在美國兩年後，宜莊也隨著媽媽博士課程結束回到台灣，隔年念國中的她發現，美國小學生的課文，比台灣國中生的英文還要難，有些甚至是台灣大學生也會使用的教材，所以「環境實在是太重要了」。

「不過，從美國回到台灣，在英文的學習使用上，也曾遇到衝突的地方。」——宜莊提到，在美國使用英文時，並不會太計較文法，但台灣十分重視文法，尤其是日常生活用語，差異更大。「很多美國人平日使用的語法，在台灣被認爲是錯誤的。」

因此，宜莊也在文法方面下了一番功夫，才漸漸適應台灣的英文學習；至今她發現，台灣在英文句子的要求上，雖然有些守舊，但國外有些報社，也會使用守舊派英文，加上宜莊後來走的是研究路線，多了解文法，對於寫論文也有很大的幫助。

目前在清華大學任教的她，發現台灣的學生或許從小就接觸英文，在口語能力上普遍不算差，但在寫作時就比較沒有內容，有些國中時就開始經常使用的文法，大學生依然寫錯。

「此外，『亂用英文字』的現象也不少，很多學生會使用看起來很難的單字，但往往用錯方式，反而弄巧成拙。」

針對這一點，宜莊也建議，學生在查閱英文單字時，不妨以英英字典爲主要認識單字的工具，避免太過於依賴電子辭典。

語言與在地文化、環境，是最息息相關的，雖然目前身處於英文教學的領域中，未來，宜莊仍然希望能有機會再到英國任教或研究，畢竟，英國文學的專科，還是與英國的關連度最深。

幕後報導

當聽到宜莊是「英語研究所」博士畢業時，多數人第一個反應都以為宜莊的專長在於英文教學，宜莊則解釋，在英國，如果是以Mnglish Department為開頭的學科，大部分以研究英國文學為主，並非學習「如何教學生英文」（教學方面，被歸類在教育系），而是鑽研於英國文學的深入研究——提供給想赴英國研究所的讀者們參考。

愈不擅長的科目，就採用「不斷」法

洪敘峰

高中：國立師範大學附屬中學
大學：銘傳大學企業管理學系
碩士：國立宜蘭大學經營管理研究所
博士：國立政治大學企業管理學系行銷組
最擅長科目：數學、物理、化學

當得知洪敘峰的求學經歷時，最多人想了解的就是「從師大附中到銘傳大學」這一段學習歷程。

「當時班上約莫有四十二位同學，其中三十五人都考上國立大學，我的成績可說是吊車尾。」洪敘峰回憶，雖然國中時，他的成績總排在前五名，高中考試時卻未考到理想志願，於是他選擇進入補習班重考，並考上絕大多數考生稱羨的師大附中。

高一時，洪敘峰的成績還算不錯，按照學長的經驗值，這樣的成績考到前幾志願的國立大學不成問題，而他也將第三類組——醫科列為最高志願。

就在高二那年，洪敘峰的人生，出現了轉捩點。

「那時，我面對繁重的課業，心中開始思考念書的意義，也對成為老師極有興趣。」

考慮到師範體系以文科較多，即使自己的理科優於文科成績許多，洪敘峰仍然決定轉考第一類組。

對文科較不擅長的敘峰，雖然未如願考到師範大學，卻也考到了他的第二志願：企業管理系，並成為銘傳大學的學生。

進入企管系之後，第二個轉捩點出現了——在因緣際會下，洪敘峰發現電玩公司有極大想要擴充玩家的需求，而自己對於行銷、辦活動也很有興趣，於是開始與電玩公司合作，辦活動、寫活動企畫案、規畫遊戲比賽、示範遊戲玩法，他的身份不但是學生，同時也是電玩軟體接案人，並自組了一個將近十人的團隊。

這次自組團隊的機會，讓洪敘峰接觸到更多企業的高層主管，進而發現自己的實力有限，於是在大三那年，決定考研究所。

「在碩士班時，我更加發現自己對念書產生了興趣，接著又攻考政治大學研究所博士班，並成爲高中同班同學中，最早，也是目前唯一念博士的人。」

從高中時成績吊車尾的小孩，到現今的博士學歷，正因爲走過這一段，洪敘峰在補習班打工、擔任數學、理化老師時，更以「過來人」的心情和經驗來教導學生：他會告訴學生快速記憶的技巧，同時也會讓學生理解，建立學生的信心，增強對讀書的興趣。

說到如何讓學生學得快又好，洪敘峰認爲拿高分的關鍵就在理解。

「以數、理來說，如果想拿到高分，理解的重要性大於背公式。」洪敘峰以小學生也背得出來梯形的公式爲例：梯形公式是「（上底＋下底）×高÷2」，但，爲什麼是如此？

因爲，梯形正是兩個三角形所合成，公式也是兩個三角形合成，所以根本就不必爲了梯形再背一次公式。

在洪敘峰的教學現場，類似的事情會重複上演，學生們每每恍然大悟，發現學習可以更快更有趣，也就樂在其中了。

「任何事情都需要用背的時候，這條路能夠走多遠？」洪敘峰認爲，當理解了之後，興趣也就可以繼續維持下去了！

除了有技巧地快速理解外，洪敘峰也會腳踏實地的告訴學生「愈不擅長的科目，就愈要採用『不斷法』。」

所謂不擅長，指的就是學習起來比較慢，或者是不懂得用方法和技巧，甚至是即使用了別人所說的技巧和方法，在眾多科目中，不擅長的科目，成績就是比較弱。

此時，要怎麼辦呢？

「正因爲不擅長，所以更要碰觸它，不要讓學習斷掉。」洪敘峰以自己爲例說：「我的英文能力比較弱，在看書時，就先看原文書，眞的不行，再比照中文翻譯書。」

此外，採用「關聯法」，以聯想字彙群組的方式來學習，也是洪敘峰最常使用的方式。（第八五頁有詳細說明）

現在，洪敘峰的學生群，已經從昔日的國、高中生到今日的大學生。對於學習效率及效果都很重視的他，在不斷地致力於「讓學生學到更多東西」的同時，也有感於地球環境的變遷，並以「綠行銷」做爲論文題目，期能在未來，在企業綠化、營利與地球環保間找到平衡點。

最關鍵的學習技巧：打開課本的第一步

許立群
高中：國立花蓮高商　商業經營科
大學：國立宜蘭大學應用經濟系
碩士：國立宜蘭大學經營管理研究所
博士：國立東華大學企業管理學系博士班
經營管理組
最擅長科目：國文、英文

從高職生到博士班，許立群經常以自己的例子來鼓勵有心向學的人。現在也兼任大學老師的他說：「及早發現自己的興趣，眞的很重要。」

國中時，當莘莘學子們對於未來一片茫然，許立群早已認定自己要考高職。

「我在班上的成績是中等，而國中所學的科目，都無法引起我的興趣，加上認爲學商比較有前途，國三時就以花蓮高商為第一選擇。」

商職的教育，讓他更加確認自己對於商業科系的熱情，在學而知不足的情況下，許立群選擇插大，然後又念了碩士。

「其實，我從未想過，自己會攻讀博士。」許立群提到，一切都要從在碩士班時講起。當時，他和幾位同學對於某些管理議題十分有興趣，於是自己擬問卷、做調查，並將結果投稿到國內期刊及參加全國管理論文競賽上，皆得到了極大的迴響及成績。

這一次的經驗，激起了立群更想深入研究管理現象的意願，也成就他進入博士班的契機。

從大學、碩士到博士，無論是應用經濟系或是企業管理，「數學」都是必備的科目。然而，數學偏偏又是許立群最不擅長的科目（國小高年級時就在及格邊緣），在「興趣與不擅長科目之間」，立群又要如何學習呢？

「我告訴自己，數學是邏輯的訓練，沒有那麼恐怖。」首先，他為自己做好心理建設，讓自己不害怕、不排斥數學；心理建設做好後，就在題型方面也多加練習，最後也能安然過關。

此外，「正向思考」也是許立群經常告訴學生的自我激勵方式。

「我發現很多學生往往因爲不懂得正向思考，原本可以成功的目標卻失敗了。」

深知正向思考的重要性，許立群在一所學院演講會上，告訴台下的學生正向思考的重要性，讓主辦人印象深刻，並願意成爲他爭取博士獎學金的推薦人，最後，立群也成功地在許多申請人中，拿到了全國最大筆的十六萬元獎學金。

在大學兼課時，許立群也發現，許多學生的學習效率不彰，往往因爲「打開課本的第一步」時就錯了。

他說，大多數人在看書時，往往會直接從第一章就埋頭開始讀，卻忽略了每一科目的重點與學習意義，導致無法有成效的學習。

「我自己在開學第一堂課時，會告訴學生該學期的教學方向與目標，而不是只給予教學大綱。」

許立群認爲，以系統化方式，把該門課程最重要的部份清楚介紹，讓學生心中建立學習架構是十分重要的。他以人力資源管理課程爲例說明，學生至少要在心中建立起「選」「訓」「育」「用」「留」的學習架構，將能更快地了解人力資源管理的中心精神。

對生涯規畫同時十分有研究的立群，也接下職訓局委辦專案，他發現，除了中年失業外，現在也有很多三十歲就失業的「年輕失業」族。分析箇中原因，立群認爲，年輕失業族多半是就業競爭力不足、不了解自己眞正想要什麼的人居多，因此，「愈早知道自己的興趣，並投入自己感興趣、擅長的領域，且繼續鑽研，每個人都有機會成功」。

對許立群而言，教書是他目前優先選擇的一條路，在教育路上，他總是能感受到快樂的因子，也喜歡研究各種讓學生學習得更充實的方法，然而，不管學了再多的讀書技巧、方法，「做自己有興趣和快樂的事，眞的是最重要的」。

了解自己喜好，讓興趣造就好成績

蔡宇中
高中：國立武陵高中
大學：國立交通大學機械系
碩士：國立交通大學機械系
博士：國立交通大學機械系
最擅長科目：英文、數學、物理

畢業於桃園第一志願——武陵高中的蔡宇中，從小的時候，就喜歡玩組裝類的遊戲，尤其是樂高，蔡宇中總是可以在很快的時間內，組好一件令人驚艷的作品；甚至會花上好幾天，挑戰自己想做的機器人。考大學時，當然也選擇了與組裝相關的機械系，這一念，就從大學、碩士到博士。

回想起選擇攻讀博士的時機，蔡宇中提到，那是在碩一升碩二時，因爲接觸到念博士班的學長，並幫學長做了一些輔助性的工作，很驚訝地發現，念書竟然是一件如此有趣的事情，於是決定攻讀博士。

和許多莘莘學子比起來，蔡宇中一路求學的過程可說是十分順遂，被朋友說是「天才型」的他，倒不認爲自己是天才，而是因爲他比較了解自己的喜好、找到適合自己的讀書方法使然。

蔡宇中很明白自己討厭死背的東西，因此，對於需要大量記憶的地理，及必要時得背公式、元素表的化學都懶得背，在這些「最不擅長」的科目上，蔡宇中抱持的想法是「會一題算一題」。

至於不需要死背的科目，就是蔡宇中的最愛，從國小開始，只要是理解型的公式，他就不會死背，而是靠自己推演。他認爲，只有自己理解過，才是最有效、最不會忘記的。

十分了解自己的專長在理工類組，蔡宇中就在這方面下功夫，他不用參考書，卻選擇了大量地寫題目，在接觸各種題型之餘，也練就解題的速度。

那麼，對於補習這件事，很有想法的蔡宇中又是怎麼看待的呢？

他提到，在高一時，曾經補過數學，但由於在補習班學的，回家還是得念，偏偏惰性使然，跳過回家複習的動作，所以成績並未因補習而變好，也就沒有繼續補下去，倒是在決定考碩士時，在了解自己的子彈可能不夠時，使用了補習班整理的講義及考古題，快速地幫他找到重點，也考上了碩士班。

當被問到大學考試時，哪一門科目成績最高？想必不是數學就是物理吧！出乎意料的是英文。

看到這，讀者們可能會很訝異「英文不是要背單字嗎？」對於不愛背誦的蔡宇中而言，怎麼會拿得到高分呢？

「我認爲英文單字是用來溝通的基礎，背起來後很實用，日後也常常會使用到，不像地理之類只爲了考試而背。此外，無論是國中或高中，我在上英文課時，都十分認眞地聽老師講解。」

原來，蔡宇中並非記憶力不好，對於要不要背誦，是十分有選擇性的，只要他認定有用，他就會去記憶，並在大學指考時，拿到了八十九．五分，比當年的頂標要高出許多。

對於未來，蔡宇中最想做的事情是可結合自己的專長，同時又能回饋社會的工作，並且持續不斷地學習，讓自己能發光發熱。

幕後報導

在訪問了蔡宇中之後，筆者認為，與其說蔡宇中是個讀書天才，不如說他十分了解自己的興趣及讀書上的喜好。他懂得加強自己的優勢，也會研究考試的配分方式，從中找到最適合自己的策略，可說是「適時務者為俊傑」型的考生。

謙虛，讓自己更開闊

羅羽華
高中：私立建台中學
大學：私立東海大學化學系
碩士：國立中興大學化學系
博士：國立清華大學生命科學院生物資訊與結構生物研究所
最擅長科目：數學、生物

在苗栗地區，只要提到升學，人們首先想到的，並非公立學校，而是某一所私立中學。

就讀於國、高中均就讀以升學爲主的明星私立學校，讓羅羽華從小學畢業後，就開始進入天天考試的學生生活。

從小的時候，羅羽華就發現自己比較懶惰，不喜歡背記的科目，到了國中時，擅長的科目與較弱的科目更明顯——只要與理解較有關的科目，成績就很不錯，但要背的國文、英文科在班上的成績就屬於中間，「許多成語我都背不起來、錯別字也很多」羅羽華說。

學校規定國中部前一百五十名才能直升高中，和每一科都很不錯的同學相比，羽華屬於「以強項補弱項」型，也順利地擠進了直升班。

深知自己的強弱科目十分鮮明，羅羽華在直升高中後，說什麼也要選擇理工類組，但令人最感到疑惑的是，她最強科目之一：生物，也有不少需要背記的內容，爲什麼生物卻成爲羽華最擅長的科目之一呢？

「因爲我把基礎和死背分得很清楚。」

羽華舉例說，必備的知識，就是她所謂的基礎，即使要背，她也會乖乖地背，像人體的器官，是人體的基本組成，如果連基礎都不背記，就不必說接下來的學習了，但可以先了解內容的涵意後，再去背記就顯得容易多了。

「高中同學的實力眞的很強，我在班上的排名大概都是中間。」羽華提到當年班上共有三十五位同學，她的成績約莫在二十名左右，幾次模擬考，落點都落在中央大學。

沒想到，眞正上場考試時，羅羽華的表現，卻跌破眾人眼鏡。

「當年，我們班有兩位跳級資優生；有四人考上醫學系；在台大、清大、交大榜上有名者，則占了十多位，同學中有三分之二都考到國立大學。」

在大部分同學都考到心目中的理想學校時，羽華的表現，可說是老師眼中覺得最遺憾的一位。

數學很好的羽華，萬萬沒想到，大學考試時將她的成績拉下來的，不是最弱的國文，而是她最擅長的數學。

「那一年的題目很多，也有倒扣，考前老師提醒大家要寫一題檢查一題，但我覺得題目不難，一路答題，果然把題目全都解完，但考試時間也剛好結束。」

自忖考得不差的羽華，在看到成績時，眼前瞬間一片黑。

「我竟然考個位數。」羽華回憶當年的題目，有很多的陷阱題，加上答對的部分，也被錯誤的部分拖累，倒扣的結果，就是十指不到的分數。

過去模擬考時，無論數學再怎麼低分，也絕對有及格以上的羽華，在大學聯考中，硬是被自己的自信給將了一軍。

「所以，再怎麼強項，也不能掉以輕心。」回憶過去的這一段「意外」，羽華雖然曾經失意自責，但也從中領悟到更多。

因此，即使她在大學畢業後，甄試上中興大學研究所，並以碩士班第二名的優異成績畢業，她仍然告誡自己不可太得意。

「把眼光放遠一點，看看更多厲害的人才會有所成長；如果只沈浸在自己第二名的小宇宙中，那麼就永遠只會停留在這。」

想要再讓小宇宙更擴展的羽華，回憶起大學當家教時，她所教的學生成績都有很大的進步，這個成就感，讓她覺得自己似乎很擅長教學，不但可以了解學生不願就讀的心態，給與無法抓到要領的學生一些建議，還可以從人與人的相處到知識的傳遞做一個很好連結，於是萌生了攻讀博士的想法，希望可以獲得更多更廣博的學識來教育下一代，並順利的考取了她最有興趣的清華大學生命科學研究所。

當被問到最想跟大家分享哪些「讀書心得」時，她說：「我覺得抱著一顆謙虛的心是最重要的，一定要抱著時時想學習的態度，即使會了還是要複習。」

「滿瓶不響，半瓶響叮噹」是羅羽華最常告訴自己的話，也是她從自己切身經驗，真實體會換來的座右銘，她也以這句話，與讀者共勉。

從排斥念書到交換學生之路

翁胤哲
高中：私立辭修高中、私立明誠中學
大學：私立東海大學經濟學系
碩士：國立中正大學財務金融學系
博士：國立政治大學財務管理學系
最擅長科目：國文、英文、歷史

在本書付梓時，翁胤哲已經在美國阿肯色大學（University of Arkansas）成爲交換學生。

政治大學的商學院所在國際間一向有名，能在眾多菁英中被拔擢至海外，想見翁胤哲除了在學習上面的優異表現外，其個人獨立思考的能力，也不容小覷。

而他獨立思考的展現，在國中階段，就已經萌芽。

原來，國小時經常與同學輪流拿第一的胤哲，到了國中時，在父母對胤哲「望子成龍」的期望下，反倒讓他思考「讀書應該是打從心底想求知，才會念得快樂；爲了升學考試的念書，意義何在」？

因爲找不到念書的意義，胤哲開始排斥念書，即使父母請了三位家教來加強學業，坐在書桌前，胤哲仍然無心念書。在讀書士氣一直無法提振的情況下，從最初班上的前十名，到後來的二十名、三十名，當然也無法如父母所願，擠進台南第一志願。

此時，胤哲的父母得知住在北部的表弟，竟然放棄國立高中的機會，轉而到三峽一所私立高中就讀，也決定讓胤哲北上，與表弟念同一所高中。

第一次離家，又到距家很遠的三峽，讓胤哲徹底感受到什麼是「水土不服」，第二年暑假，他告訴父母希望轉回家附近念書，但因錯過了轉學考，只好念私立學校。

這次離家念書的經驗，讓胤哲及父母對念書這件事，都有了新的想法。

胤哲的父母不再像過去一樣，給胤哲「念書、念書、念書」的壓力；而胤哲自己，一方面因爲來自父母的期許減輕；一方面因爲學校的老師教學十分有技巧，讓他開始有心情念書，並從基礎開始修補，成績也慢慢提升，對念書的興趣和信心跟著提振起來。「那時候爲了彌補過去的基礎，往往念到三、四點，小睡到六點再起床。」

說起這一段熬夜的日子，胤哲說：「熬夜其實效果不佳，但沒辦法，誰叫我以前沒打好基礎？」

幸好皇天不負苦心人，胤哲考上了他最有興趣的商學相關科系，此後，念書之路就未曾中斷。

很多人聽到胤哲開口說英文時，會因爲他的發音道地，以爲他從小在美國待過，其實不然。

現今，被系所教授稱讚英文是同儕中最好的胤哲，提到自己是從國小高年級才開始接觸英文，但也只是學習英文單字，及簡單的兒童美語。結果到了國中後，胤哲才發現自己的英文起步跟同學比起來算晚，在國中階段，胤哲的英文程度和同儕相比，大約只在中間左右。

「多數人學習英文的曲線是在高三達到高峰，在考到大學後，就終止英文的學習，我則是從大學開始加強英文學習。」

胤哲說，因大一升大二的暑假到西雅圖遊學、住親戚家時，發現自己對英文有興趣，也開始想要增加自己的英文能力。

當時，親戚請了一位英文家教，胤哲平日雖然有到附近大學念第二外語，但也跟著親戚的英文家教一起上英文。妙的是，上課的主題是由英文家教決定，其中一堂課，家教甚至和胤哲聊到美國憲法的設計，也讓胤哲覺得十分有趣。

短短兩個月的遊學生活，接觸的都是英文，使得胤哲對英文重燃興趣，回台灣後，他開始廣泛地涉獵，如看ＨＢＯ、看英文期刊，並閱讀英文小說，不但減輕了對原文書的陌生感，甚至選讀了更多的原文書；同時，他也加強自己的口音訓練——「最好的方法就是唸出來」。當聽到一段英文對話時，胤哲會重複地念單字、句子，每一次都跟錄音機中的口音、速度比對，慢慢地，就可以讓口音和速度修正到很像外國人的口音。

關於未來，胤哲最希望的就是回到故鄉從事教育工作，「因爲教育，眞的是非常重要！」胤哲語重心長地說。

幕後報導

回首學習路，翁胤哲因為曾經排斥念書，在高中考試時失利，也讓他更珍惜讀書的時光。從大學、碩士到博士一路走來，翁胤哲對於讀書的熱情不減反增，為了興趣而念的他，經常會深入研究種種議題，並提出了自己的見解。我想，也就是這樣積極學習的精神，讓他獲得了出國進修的機會。

念書，從不過度依賴老師開始

林宛嫺
高中：國立中山女子高級中學
大學：國立交通大學資訊科學系（現與資工系合併）
碩士：國立交通大學資訊科學所（現與資工所合併）
博士：國立交通大學電子工程所
最擅長科目：數學、物理

攤開林宛嫺的學歷，令人免不了猜想：她應該是一位從小天資聰穎、求學之路順利無阻的學生吧！

但，在國中前，宛嫺的成績卻一點兒也不受到老師的注目，甚至在小學一、二年級時，宛嫺的成績都處於倒數；中、高年級雖然有好一些，但也不是前幾名。

眞正的轉捩點，就在小六升國一的暑假。

這一年，宛嫻住在伯父家。當時，身爲數學老師的伯父，拿了一本國一數學自修給宛嫻，規定她必須看完。

整個暑假，宛嫻都在自行研究數學自修中度過，眞的不會才問伯父，而這樣的「自主學習」，也奠定了宛嫻數學良好的基礎，甚至日後需要理解的物理科目，也都難不倒她。

數理好，那麼文科呢？

「其實，我的國文成績也還不差！」宛嫻提到，由於伯父不准小孩看電視，放學回家後的時間又長，於是，課外讀物就成爲宛嫻打發時間，諸如西洋文學「少年維特的煩惱」或中國古典文學「紅樓夢」等，都是伯父書架上的藏書，也是在這樣的薰陶下，爲宛嫻打下了國文基礎。

在數、理方面都強，國文也好情況下，家住中部的宛嫻，高中時因爲家庭因素北上考試，也考到了位於台北的中山女高，相當於女子高中的第二志願。

中山女高的文科類組相較於理工類組要強，宛嫻發現，班上約有九成的同學都會去補習，也曾經跟著同學到補習班試聽一場，但住在北投的她，回到家後已經近十一點，此時功課都還沒寫呢！

「交通的耗時，加上補習班老師教的，很多都學過，很浪費時間。」一向重視時間的宛嫻決定不補習，如果遇到不會的部分，就儘量從參考書上找答案，再不會就問懂的同學。

對於宛嫻而言，「時間」是她在做重大決策時的關鍵之一，這個關鍵在她出社會後，又再一次地爲她做見證。

碩士畢業後，宛嫻進入了台積電工作，原本從未想過要再繼續深造的她，在台積電上班後，發現自己對於電子業的興趣，於是又進入博士班進修電子工程。

從熟悉的資工系所，到電子工程，雖然都概括在電子資訊領域，還是有著極大的差異。

「資訊工程所學的主要內容爲程式開發，但後者卻與ＩＣ設計自動化有關，所以要補修的科目還不少。」

但是，宛嫻卻在短短一年中，不但將該補的補起來，還考過了資格考，成爲博士候選人，原因就在於她選擇了「專心念書」。

「我發現有不少前輩採取工作和讀博士同時進行，但往往會在對工作盡責的情況下，無法考過資格考，也就失去了攻讀博士的資格，因此，我在思考後，還是決定離職。」

正因爲辭去了人人稱羨的台積電工作，宛嫺更覺得自己非得在最快的時間拿到博士候選人資格不可，而她果然也做到了。

在博士班進行研究或報告時，曾有同學覺得宛嫺是天才型，因爲轉系所的她一學期要修十二個學分（不像同系所的學生一學期只需要修三學分），且又擔任大助教，成績還是前三名，但她認爲自己是早期就很努力地養成了理解、思考的習慣使然。

「由於我童年住的地方在南投的郊區，相較於台北，家長們普遍比較不重視課業，暑假時同學們多半大玩特玩，我卻在家中研究自修、看課外讀物。就算到了北部念書，無法補習的我，只能使用參考書自修的方式來複習，也養成了我『不過度依賴老師』的讀書特性。」

宛嫺的例子，讓我們看到了即使國中、高中均未補習，只要有方法、願意花時間思考，及早培養自己一套讀書習慣，還是能夠爲未來成就一條路。

02 博士生讀書秘法不藏私

不管使用哪一種讀書方法，唯有持續
下去才是王道！

歷史背不起來？從課外讀物開始看

歷史背來背去，就是背不起來怎麼辦？

那麼，就從看課外讀物開始吧！

在受訪的博士生中，有許多人從小的時候就很愛看故事類型的課外讀物，像是《水滸傳》《薛平貴東征》《畫說中國歷史》《西遊記》《三國演義》等。

這類課外讀物，因爲有故事，讀起來遠比教科書精彩，同時又能培養對歷史的興趣，並能從故事中先了解歷史的大輪廓，等於是在腦中植入對歷史的先備知識。如此一來，當在課本上又看到這些歷史人物、事件時，就不會像初次見面般陌生，當然也有助於歷史的記憶了。

看歷史課外讀物，有一點兒像是「預習」的感覺，是一種從故事中，進而引起興趣及加強記憶的方法，讀歷史尤其適用，能夠把死板板的歷史課本變成鮮明的人生劇場，對於有歷史恐懼症，或苦於背不起一大串歷史人名的學生來說，不妨看看相關的課外讀物吧！

博士生這樣做

歷史好，武俠小說有功勞

很多人覺得歷史要靠死背，其實不然。有博士生因為喜歡看金庸的武俠小說，對於小說上描述的時代十分有興趣，進而抱著追根究柢的精神，去找該朝代歷史的故事，從中了解基本史實的脈絡和因果關係。

以九〇：一五的方式念書

讀書究竟是讀累的時候休息一下比較好？還是繼續讀下去比較對呢？

曾經有心理學家研究過大腦的習性，發現大腦對有新鮮感的東西才會有較高的興趣，如果讓大腦持續念同一種書籍而不休息，不久之後，就會因爲疲勞而失去專注力，看了半天反而一個字也沒看進去。

因此，適當的休息一下或者變換所念的書籍，讓大腦感覺新鮮，才能將開始感到疲累的大腦搖醒，重新活化神經細胞。

至於要念多久的時間休息一下，因人而異，剛開始可以從念三十分鐘、休息五分鐘慢慢開始加長，並且用碼表記錄時間。

有博士生的方式是：專心念九十分鐘後，外出散步十五分鐘。散步時，就在腦海中將剛才所念的整理一遍，然後將特別重要的部分，再記錄於筆記中，等於是變換不同的方式來複習，讓大腦去記憶。

散步不僅可以舒緩一下筋骨，讓精神變好，這位博士生連散步的時間也不放過，不斷在腦海中繼續複習，眞是把零碎時間善用得淋漓盡致了。

回到書桌前，因爲已經呼吸過新鮮空氣，又能繼續念新的內容。

所以，只要養成好習慣，讓自己坐在書桌前，就是精神飽滿的狀態，累的時候就去休息一下，讀書效率才會高。

博士生這樣做

把自己當成出題老師

每當念完一個重要的段落時，要如何確認自己真的懂了呢？

不少博士生們會採用「把自己當成出題老師」的方式，針對方才念過的部分，用各種角度來出題目。

這個方式，不但可以避免「單一直線的學習」，還可以在讀書時增加一些樂趣，更能徹底知道自己到底有沒有學懂，值得大家參考喔！

要「眞的」了解定義

在科學的世界，定義，眞的很重要。

多數博士生都認爲，了解定義是一開始學習時最重要的事情，就像蓋房子需要將基底打好一樣。

了解定義，可不是將字面意思背一背就好，而是要切實認眞地去思考、了解；如果不是很清楚或有疑惑的地方，可查參考書或問老師，一定是要完全了解定義才行。

在了解定義之後，還要再自行加工：用自己的話將觀念、定義寫一遍。

由於大腦每天要處理幾百億的訊息，這道加工的手寫功夫和自己思考的過程，絕對不可以輕忽，因爲，唯有透過自己內化知識的過程，才能將知識與大腦記憶牢牢連結。

許多人應該都有爲了應付考試，死背教材的經驗，但是，考完之後，往往會發現自己一個字也想不起來，這就是死背、短期記憶的結果。

讀懂基本的定理、定義，不是死背；而是透過自己的理解來記，自然而然就能輕鬆記起來。

此外，嚴密的思考、歸納、推理能力也都是讀懂數理所不可或缺的能力。

嚴密的思考讓我們不會漏掉重要的細節；定義是由歸納法產生的，因此，透過歸納的功夫可以讓我們對定義更加了解；最後，把定義推理到各個例子中，才知道怎麼運用定義得出答案。

有博士生就說，其實讀數理很有趣——解題時，腦力激盪的過程，和解出答案後，豁然開朗的成就感，往往讓自己讀到廢寢忘食呢！

別急著看解答

在做題目時——尤其是需要理解的數、理科目，千萬不要急著立刻看答案，一定要自己先寫過；不會的部分才去看解答，這時會有豁然開朗的感覺，下次再作答時，也就不容易忘掉。

博士生們認爲：如果一開始就先看解答是怎麼解的，就失去自己思考的機會，變成是死背答案了。

尤其在某些科目中，閱卷老師會斟酌你的思考過程來給分，這時，重點是你的想法合不合邏輯，正確答案反而不是這麼重要。

爲了訓練邏輯力，博士生認爲，平日在解題目時，也可以要求自己想不同解答的方法，因爲參考書的答案未必最佳，也許有更快更好的方法，所以不妨抱持著「懷疑」的功夫，想一想解答完全正確嗎？有沒有更好的答案？

遇到不會的題目，先按照自己的想法解，眞的不懂，再請問人，如此才知道自己是錯在哪？

人往往有思考的盲點，也許只是卡在某一個觀念、一個細節，想過之後再去請教別人。茅塞頓開之後，就好像任督二脈被打通一般，功力馬上大增。

記住，不要急著去尋求所謂的標準答案，因爲答案不見得只有一種，條條道路通羅馬。但是，如果想要在考場上贏過別人，最好能有自己獨到的見解，讓閱卷老師眼睛爲之一亮。試想，閱卷老師要改那麼多跟解答一樣的考卷，如果能多幾分巧思，寫下跟別人不一樣的答案，不就讓自己更多了一分機會嗎？

博士生這樣做

想不通，直接問更強的

對於自己真的不會的科目，有博士生會採取「直接問」的方式，因為知道自己即使想了半小時還是不會，倒不如先去問更強的人。

重點是，在問到解答後，必須要回來再自己想過，而不是得到答案就沒事了。

唯有自己想過，才會是你的——這一點，任何科目都適用。

用橡皮擦、尺營造「隨堂考」效果

在你的周遭，是不是有一種人，明明看起來很用功，但考試成績卻不理想。

爲什麼會這樣呢？

這是因爲，應付考試和單純作學問是不同的，前者必須在有限的時間內，抓到考試重點，才能發揮自己的實力。

考試要測驗的是大腦的輸出能力，因此，念書時要以模擬考試的狀態來念。有博士生在看了一段文字後，會將橡皮擦遮住重要的字，看看自己到底有沒有讀懂，有沒有記下來；如果需要記的是一大段文字，那麼就用尺也可以，這樣才能發現是不是眞的會了；如果不會，便要再加緊複習。到考試的時候，因爲平時作過練習，便不會慌張，有助於臨場表現。

同樣的方法，也可以應用在英文上面，比如在看一段英文時，用橡皮擦將重要的英文單字遮起來，看看自己會不會；背一段優美的句子時，也可以用尺將句子遮起來，製造「隨堂考」的效果。

除了自己考自己之外，也可以組成讀書會，互相抽考，因爲自己悶頭念，往往會有盲點，藉由與別人互相抽考，更能發現自己的不足之處。

博士生這樣做

「從閱讀中背關鍵單字」

每當看一篇單字又多又艱深的文章時，到底要不要將文章中的單字背起來？如果都背，肯定背得頭昏腦脹；如果都不背，又覺得缺少學習。有博士生提供了很好的方法。

方法是：看文章時，不要所有的單字都背，而是將出現較多次的關鍵單字查出來並背起來即可。從閱讀中背單字才能真正了解單字的使用時機，避免誤用。從一篇文章出現多次的單字必定是重要且有用的字彙，藉此也能掌握住整篇文章的核心，有助閱讀能力的提升。

點線面法，讓有關係的都跑不掉

請問，在念書的時候，你是一章一章念，還是「有系統」的念。

許多博士生都說：念書，一定要有系統。也就是將教科書中的各個主題，從點、線、面三方去串聯成一套自己理解的觀念。

了解定義可以說是掌握了「點」；將各章節的主題串聯成有前後次序的「線」；各個觀念、主題環環相扣，就能組織成一張很有系統的網絡面。

數學和物理科目，在各章的設計上，都有一定的關連性，尤其是物理科目，最佳的讀書方式就是將新的一章與前面的章節串聯起來一起念，相當於串成連絡網，將有助於整體觀念的融會貫通。

在學習化學科目時，也是相通的，譬如說：學化學公式的時候就要先認識原子、分子，還要先背誦元素週期表，打好基礎之後，才能應用在實驗上。又如學數學，必定是先從簡單的加法、減法學起，再進階到乘法和除法。

基礎若沒打穩，會深深影響後來的學習，所以修習數理時，串聯的功夫尤爲重要。教學時總是先從基礎的東西教起，再慢慢加深、加廣，就像螺旋狀一樣，越學越多、越學越難，同時也是學習最巧妙的地方。

你的腦海中有一套聯貫的學習網絡嗎？運用關聯法和點線面法，就好像在地基穩固的土地上蓋房子一樣，能迅速的蓋好一棟又一棟既高又穩的知識大樓。

博士生這樣做

想想比老師更快的方法

很多數學的解法不只一種，老師在上課時，因為時間及其他原因，可能會採用某一種解題法，不妨趁下課時或放學回家時，思考有沒有比老師更快的方法，就算想不出來，也可以訓練自己的思考能力，絕對有幫助。

大範圍掌握法，讓史地無所遁形

在學習歷史、地理時，不少博士生們會以「先掌握大範圍」的方式，再來了解其中的細節。

比如，在學地理時，先看看世界地圖或轉轉地球儀，了解國家區域的位置，有了初步大範圍的認知後，才開始念更精細的地方。

又如在學歷史時，首先要理解各時代的背景，從時代背景開始慢慢深入各個層面，建立歷史的架構，並且掌握歷史的基本要素：時、地、人、原因、經過、影響。

其次，在腦中建構一個時間歷程表，牢記年代和順序，尤其是重要事件和戰爭。知道了這些事件的大略時空分布，遇到問題時，就要趕快想起問題與這些大事件之間的關連性，歷史學起來也就不那麼難了。

使用故事聯想法，次序細節不混亂

無聊的、有順序的、難背的內容，到底要怎麼記，才能夠全部記起來？

博士生們異口同聲地說：就使用故事聯想法吧！

故事聯想法是將你需要背的內容，運用想像力，以故事的方法來記憶，這是一種全腦學習的方式，比起平時僅用左腦死記、背誦的學習方式，有很不錯的效果。

改編的故事情節，可以有一位主角爲開端，將所要記憶的事物，運用想像力，一個接一個的串聯起來，有如一幕幕的電影情節般，故事愈鮮明有趣，印象就能越深刻。

一位博士生以「淨水法」爲例（見次頁圖）——想像自己是水源，流到攔污柵被篩一篩後，又快速地加入混凝劑……最後被消毒成爲乾淨的水。把複雜、難記的水淨化流程改編成自己的冒險歷程，將死背、無趣的課本內容變成一段鮮明的故事情節，就不容易搞錯先後次序和細節了。

在腦中情節鮮明的故事，會讓大腦覺得好玩有趣，有助於活化大腦的記憶細胞，學習效果將大幅提升。

故事的長度最好稍加控制，以免故事太長自己也記不得，最好是把每個主題改編成一小段故事就好，太冗長的故事不利於回憶。

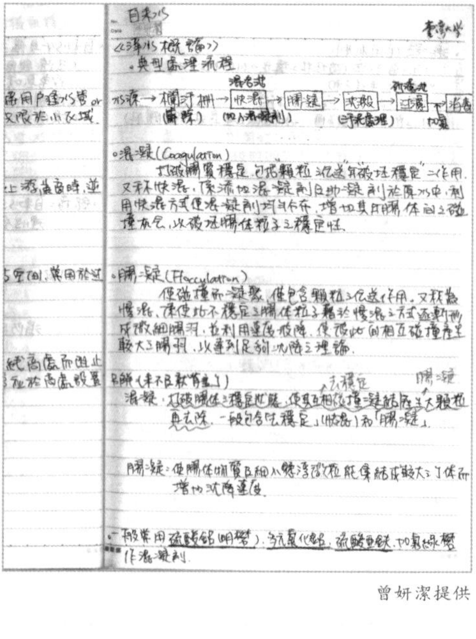

曾妍潔提供

故事聯想法的重點在於，故事中每一段情節的串連是否順利，才能把故事連貫起來；如果忘記其中一段情節，也能藉由合理的劇情喚起回憶。

因此，想要充分運用故事聯想法，平日就必須常常練習想像力及創造力，利用鮮明的故事劇情，幫助自己成爲記憶高手。

博士生這樣做

兩個重點，讓故事聯想法更好玩

一、要有鮮明的畫面，最好有聲音、顏色。

二、要生動、有趣的想像，動態比靜態效果更佳。

使用畫圖法，複雜難記的都不怕

文科和理科，各有其特色，有博士生認爲，文史科目著重時間先後順序的記憶，不能搞錯年代和事件，是屬於線段式的學習；數理科目則重視立體空間概念。因此，學習數理要儘量使用圖表幫助記憶，光靠書本文字描述，而沒有在腦中描繪出立體圖像，是很難將數理學得好的。

舉例而言，如果要記住「焚化爐主要的污染物中，有哪些有害氣體」時，不妨畫出一個焚化爐，上面有很多卡通的角色，每個角色自扮演一種污染物如一氧化碳、氯化氫、氟化氫、氮氧化物、硫氧化物。

如此，把複雜的題目變成圖來看，便可以很快記住，並且不容易遺忘。

大腦是一個圖像腦，當你聽到一個物體名稱，例如「蘋果」時，大腦會先浮現出蘋果的畫面，然後才會想起文字及其他細節。

因此，使用圖像記憶不但節省了大腦轉檔的時間，並藉由情節之間的關聯性，使大腦一次就能全盤記住大量的資訊。

不只是複雜的化學題目，就連簡單的數學公式也都能圖表化，只要發揮創意，許多科目都可以創造出一幅屬於自己的筆記圖表。

進考場前，當別人還要辛苦的帶一大堆資料閱讀時，我們只需要帶幾張簡單的自製圖表就能輕鬆的作考前複習。

圖表的製作不限任何形式，可以是彩色的、也可以是漫畫，當然簡單的線條也行，重要的是要用自己的思考邏輯所設計，希望你也趕緊打造一張屬於自己的專屬筆記圖吧！

使用字首字尾法，找出單字線索

英文單字那麼多背不起來怎麼辦？就算勉強記住了，也常常忘記，真是令人感到挫折啊！

英文單字是有規則可循的，不妨從字首、字根、字尾下手。

例如：autobiography這個字可分成四個部分，字首auto表示「自己」、字根bio表示「生命」、graph表示「寫」、字尾y代表這個字是名詞的意思。合起來「自己、生命、寫」，就是自傳的意思。

解每個單字的意義，背英文就不會那麼困難了。

有時在看文章時也是如此，不一定每個字都會，如果會字首字尾法，就可以從中推敲單字可能的意思。

例如：字首是pre開頭的代表是「之前」，如：preview預習、prepare準備；看到—bility、—tion字尾的就代表是名詞，而—tive、—ent則是形容詞字尾。

不過，使用此法的前提必須先將字首、字根、字尾記牢，遇到時才能夠加以運用，就好比學中文要先學部首一樣，例如：涓、流、河，三個字的部首都是水，代表這三個字跟水都有點關係，中英文的原理是相同的喔！

能了解英文單字的原則，就能將浩瀚的英文單字整理成一些簡單的原理原則，至少有規則可循，比起死背單字要能記得更長更久呢！

做比較、表格化，刺激腦力和眼力

許多人應該都有遇過這種情形，一旦書念到後來，需要記憶的資料越來越多，便會開始混淆；考試時更是如此，覺得兩種答案好像都對，卻偏偏想不起來哪一個才是正確答案。

遇到這種情況，代表沒有做好區辨的功夫。前面提到過的方法可以增加記憶的連結，進而幫助記憶，但是當資料很類似的時候，不但不能幫助連結，反而讓大腦將各種概念混合在一起，分不清彼此的差別，可就不妙了。

所以，各種很雷同的名詞，不妨以表格化來做比較。如果只是按照順序念過一次，沒有特別作比較的話，大腦很容易就混淆了。

表格化的功夫很重要，作筆記時，最好能將各種相類似的名詞、概念，以畫表格的方式，將其中的性質、差異填入表格中，複習的時候，便可一目了然。

以念歷史的方法來舉例，滿清末年發生許多戰爭，便可以從人、事、時、地、物的角度來作表格，將鴉片戰爭、甲午戰爭等事件填入表格中，經過表格化仔細的比較其中差異，才不會搞錯。

表格化同樣是屬於圖像記憶法，大腦對圖像的記憶總是優於只用文字描述。況且，將所需記憶的資料作一個分類與比較之後，還能刺激大腦去思考其中的相同點、相異點，更加有助記憶的鞏固呢！

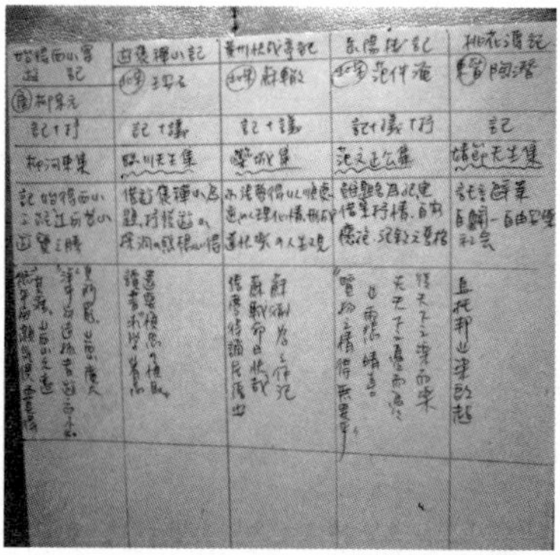

林宛嫺提供

多看英文名著小說

英文要學得好，必須創造使用英文的環境，閱讀英文名著小說不啻是其中一個好方法，建議可以從有中譯本的英文名著開始讀，或是找一些在國外圖書館推薦適齡的文學名著，如《簡愛》《基督山恩仇記》《湯姆歷險記》《愛麗思夢遊仙境》《金銀島》《魯賓遜飄流記》《科學怪人》和《彼得潘》的故事等。

在初次閱讀的時候，雖然有些難度，說不定第一次念只停留在第一頁，但只要願意，每天看幾頁，漸漸地就會發現迷人之處，從中學習作者使用文字的方法，等到功力加深，再艱難的小說也能讀通了。

一旦進入閱讀，遇到不懂的字，不必急著查，除非它一直出現並造成困擾，此時再查，就能對單字有很深的印象。

此外，新學到的單字，一定要在剛學會的前幾天儘量使用，無論是寫句子或是說出來，總之「多用幾次」對單字也就不容易忘記。

現在，學生們通常會使用電子語言翻譯機，翻譯機的好處是按了就有，但如果太過於依賴，反而不易記得單字，建議在使用翻譯機時，不妨看英英解釋，並且把握

「多使用」的秘訣，更有助於學習英文。

博士生這樣做

把喜歡的句子背下來

從看故事中，可以理解單字的使用方式，遇到喜歡的句子也會自動背下來。日後，在寫作文時，也能自然而然得用上，增加詞句的優美。

PS.看英文漫畫、流行小說也都ＯＫ，只要有興趣閱讀都對英文有幫助。但某些英文歌較口語，並不一定是正確的用法，尚需留意。

學會使用參考書，讀書效果大提升

有些人會在學期初時，買很多本參考書交叉讀，讀著讀者，卻發現每一本都有別本未提到的重點，累積起來份量很多，於是擔心「有這麼多資訊要讀，念不完怎麼辦」，最後一整個慌張起來，導致無心念書。

其實，只要選對參考書，並正確地使用參考書，將會讓學習效果大大地提升。

＊參考書的買法：先一補二

參考書到底要買幾本呢？有博士生建議，與其買一大堆，不妨先採用「先一補二」法。

花很多時間讀不同的參考書，不如花點兒時間選擇參考書，在比較之後，先買一本最適合你的參考書回家，如果看到不懂的，再買另一本參考書交叉讀，如此「以一補二」，用第二本參考書來補充第一本的不足，既不會花掉太多時間，也有兩本參考書的完整度，比起一次買很多本交叉來讀又讀不完，更來得有效率喔！

＊自認基礎不佳的人，這樣選參考書

如果，你覺得自己某些科目的程度比較差，那麼在選擇參考書時，請以「符合自己程度」的書爲主，選擇以扎根爲主的參考書，打好基礎實力。比如數學眞的很不好，就從最基礎版的參考書開始看，而不要一開始就選進階版的，等程度變好了再慢慢加深加廣，如果一開始就選擇難懂的參考書，反而會打擊信心，喪失學習興趣。

＊一次買足兩本，打基礎又增能力

注意！考試並不是將考題全部寫完即可，更重要的還是贏在「正確性」——這就要靠檢查的次數來抓出因爲粗心答錯的部分。

有博士生提到，加快做答速度的方式，就是多做題目，多做題目不但有重複複習的效果，也能熟悉題型，增加解題速度及記憶的程度。

在這樣的前提下，選擇參考書時就買兩本，一本是簡單的，一本是進階的，前者確定基礎，後者增強能力。

博士生這樣做

這樣選參考書最適合

整合博士生們選擇參考書時考慮的條件如下：

＊選擇內容正確的參考書。

＊選擇重點齊全的參考書。

＊選擇以條列式為主的參考書，如此一來等於讓參考書幫忙做重點整理。

＊選擇「定義」、「源由」多的參考書，可了解的更徹底。

＊選擇要有「進階題型」的參考書——雖然在大考中，不一定會考進階題型，但進階題型的題目較靈活，可以增強多元途徑的思考。

＊一定要比較後再買；參考書良莠不齊，買到錯誤觀念的參考書反而更糟。

03 博士生牢抓記憶不藏私

想學習更上一層樓的記憶法嗎？看看孜孜不倦的博士生們如何搞定記憶！

整理筆記後，立刻使用錄音法

大家都知道整理筆記的重要性，可是，你知道整理筆記之後，還有一個動作可以讓你的記憶更加強嗎？

將筆記整理好之後，頭腦大概也累了，此時再念書，不見得收到很大的效用，該做什麼事好呢？

有博士生會在整理筆記後，一邊唸出筆記，一邊用錄音筆將聲音錄下來，如此等於再複習一次，也不會讓頭腦太累。等到有零碎時間，譬如說搭捷運、坐公車的時候，再把錄音聽一遍。

整理筆記是「手到」、唸出筆記是「口到」、聽錄音是「耳到」，用這「三到」功夫，將上課的知識牢牢的記在腦海裡，不僅不會感到枯燥又能加深記憶，實在是一舉兩得的好方法。

根據心理學的研究指出增加記憶的方法，其中之一便是增加大腦記憶的途徑。有的時候，人們忘記事情，並非大腦沒有記憶，而是大腦找不到提取記憶的線索。聽課時容易忘記的人，不妨在這時動手寫筆記和錄音，增加大腦記憶的種類，日後，要提取記憶就容易得多了。

睡眠記憶真有效，你用了嗎？

不只是英文單字，任何你想要記憶的，都可以錄在錄音筆內，上床時就開始放出來聽，即使睡著了也不要緊。

在受訪的博士生們中，有多位都會採用「睡眠記憶法」，令人十分好奇功用如何？

有位博士生提到：用這個方法，就算還沒有特別記憶，看到考題時，還是會有一種「咦？我知道這個」的感覺，經常答案就會從腦海中跑出來。

另一位博士生也有類似的經驗：在國小時睡前聽古典音樂介紹錄音帶，聽著聽著睡著了，但長大後聽到某一首古典音樂時，竟然也會很清楚的知道這首歌的名字、介紹及旋律。

睡眠記憶法，並不是要你在睡覺時還抱著「我一定要記住」的想法，相反的就是很輕鬆地聽。

根據科學家研究指出，大腦在睡眠時，仍然沒有休息，因此，可以利用睡眠時間強迫大腦吸收知識。

使用睡眠記憶法，能讓人們在不知不覺中把記憶儲存在大腦裡，日後，遇到相類似的情境時，自然就會把潛藏在大腦裡的記憶反應出來。

除此之外，我們還可以利用睡眠來鞏固記憶。

每個人應該都有這樣的經驗：在睡前讀的內容，隔天起床後，記憶特別深刻。這是因爲大腦會經由睡眠時，處理白天所接受到的訊息。所以，書要記得牢，睡覺是一定要的。

因此，不要常常熬夜念書，因爲睡覺時是大腦在儲存記憶的時候，如果熬夜不睡覺反而干擾了記憶的儲存。結果，熬夜念的內容全部忘光光，又傷害了身體健康，眞是得不償失。

大腦是需要休息的，在需要休息時，卻硬塞給大腦一堆內容時，第二天反而容易因爲睡眠不足，造成腦筋一片空白。因此，最有效率的讀書方法，還是覺得累的時候，趕快去休息，讓大腦好好儲存記憶吧！

博士生這樣做

睡前錄音催眠讀書法

將迪士尼英文故事、英文小說故事、或ＢＢＣ的廣播錄音於睡前播放，也能增加英文的學習效果，對於英文使用的幫助很大。

使用宇宙漩渦冥想法，讓大腦自動加工

自我暗示的力量是很強的，在受訪時，聰明的博士生，也會懂得利用這個方式加強記憶。

當筆記看過兩、三遍後，幻想宇宙有一個漩渦，感覺方才看過的內容全部都丟入這一個漩渦內，然後就上床睡覺。

這是利用自我暗示的力量，告訴自己一定要把讀書內容記住，再透過冥想法，將它丟進深層意識，使記憶更加穩固。

大腦在記憶中會與當時的情緒或情境有所聯結，保持愉快的心情，或增加記憶時

的特殊經驗，將有助記憶。

試想眼前有一個宇宙漩渦，這是一件多麼令人印象深刻的事情，再把睡前腦子裡印象最深刻的內容，和宇宙漩渦聯結起來，在睡夢中，大腦便能不斷的加工，鞏固記憶。

根據科學家研究，左腦是屬於理解、邏輯的；右腦是掌管圖像、直覺的。一般人記憶的方式是透過背誦、不斷反覆練習來加深印象；但是，記憶的層次只能停留在大腦的表層意識，容易遺忘。

坊間流行的右腦訓練，便是透過冥想、呼吸、想像的過程，喚醒右腦的意識，進而增加記憶的深度。

宇宙漩渦冥想法也是睡眠學習的一種，要注意的是必須保持身心放鬆，透過規律的吸氣、吐氣，排除緊張與疲勞，進入放鬆狀態。

初次使用宇宙漩渦冥想法的人，可能會有些生疏，但如果能經常練習，並持之以恆，相信還是有一定的成效，你想知道的答案，就從漩渦中跑出來！

五次印記法，讓複習效果更好

重複學習是保障學習效果的好方法，經由不斷的複誦過程，訊息才能經由短期記憶進入長期記憶儲存。

複習的方法有很多種，一般人以為只有坐在書桌前讀書才叫複習，其實不然。你可以大聲朗讀課文內容、配合肢體動作，甚至可以用演的。越誇張、違反常理的動作其實越有助於大腦記憶。

當學習的內容十分龐雜時，一定要先將重點濃縮成筆記，之後再複習。複習的方式則是大聲朗讀，並且一邊錄音。睡眠時再把錄音內容調成像講悄悄話一般的音量，一邊聽一邊睡，使筆記內容進入深層記憶之中。

經過了看書→做重點筆記→看重點筆記→將筆記錄音→睡眠時聽錄音，如此五次印記法，絕對有一定的效果。

有專家指出，用聽講的方式只能記住所聽到的二〇％；若輔以文字解說，則能記下所看到的七五％，而動手寫筆記，則能達到九〇％。

採用「五次印記法」，相當於運用了全身感官的學習（朗讀、錄音），能夠使學習過程不再枯燥、乏味。再配合最夯的「睡眠記憶法」，開發潛意識學習。如此一來，一天二十四小時，都能產生學習的效果呢！

睡前十分鐘，使用效率回想法

如果連睡前的時間，都能轉變爲學習時間，讀書就會產生加倍的效果，這裡使用的方法就是「睡前十分鐘」讀書法。

在腦科學研究中發現，在睡眠中的「快速動眼期」時段，大腦的神經元的活動與清醒的時候相同，清醒時的某些記憶會開始加深，而作夢時的大腦會快速地重新整理剛學習的內容，將已記憶的資訊與新進入的資訊進行隨機對照。

所以只要每天在睡前，將今天的讀書內容重新快速回想一遍，從最沒有把握或者第一次看的先在腦海中做回想，不需要全文默寫，也不必手寫，只要用自己的話把想到的重點組合出來即可。

如果對一個重點似乎有印象，但是怎麼想，腦袋就是一片空白，那麼就趕緊翻開書找答案吧！如此就可以有「把忘了的記憶」即刻找回來的效果。並且別忘了在課本上加上小記號，方便日後復習。

只要搭配睡前十分鐘讀書法，透過回想和復習的方式，就能把每天的讀書進度，在睡眠時反覆加強記憶，達到事半功倍的效果。

博士生這樣做

複習時，先將前一天的重點寫在紙上

隔天要開始念書時，不妨先拿出紙筆，將前一天回想的重點，再條列式地寫在紙上，然後把課本翻開，比對自己寫下的重點和課本內容，有沒有遺漏的地方呢？如果有，就用其他顏色的筆補充在清單上，加強記憶。

養成自己推演習慣，數理公式幫助大

當被問到數理有哪些獨門的念書撇步時，不少數理強手博士生都說「要自己推演公式」。

由於數理著重的是理解，多位博士生提到，上課時會認眞聽老師講解公式的原理原則，回家後一定再花時間搞清楚公式的來龍去脈，絕不囫圇吞棗、含糊帶過。

尤其在面對數學公式時，也絕對不死背，不少博士生從國中開始就懂得自己推導整個過程，當確實會了之後，許多變化題也都會自己解，就不怕考題變來變去被考倒了。

雖然剛開始花在推導的時間較多，會了就眞的都會，不必死背題目和解答，日後複習數、理時，反而比較不花時間、無疑地更有效率。

有博士生以三角函數爲例：在了解三角函數的定義後，先可以推演出三角函數的公式。如果遇到考試緊張一時想不起來，也可以自己推導出公式，不怕進了考場之後，把難記的公式全部忘光光。

這是由於經過理解而吸收的內容，可以加強大腦在記憶中的連結，透過仔細思考的歷程，可以把教科書的內容變成自己的知識，到時候想忘也忘不了呢！

更棒的是，因爲眞的會了，效率提升，不需要一背再背，便可以將更多的時間放在自己較不擅長或有興趣的事情上。

用關聯法來學習，記得多又記得牢

請問，看到「school」（學校）這個英文字時，你會想到哪些與「school」有關的單字？

teaacher、student……，一般人大約可講十到二十個單字，但英文名師肯定比你我更能滔滔不絕地舉出更多與school相關的單字，這，就是關聯法。

當相關的單字記得愈多，關連性也組得愈完整，可以使用、替換的字彙也就愈多，無論在填充、造句、閱讀方面，都會更強。

這個方法，就是受訪博士生會使用的「關聯法」。

採用關聯法，除了可以學到更多的單字外，另一個優勢是：單字比較不易忘。由於人們開口先說的單字，必定是自己最熟的單字，而愈後面被提到的單字，在發音或拚法上，也會變得愈來愈不確定，此時，將有助於再次確認單字的正確度。

在關連性愈強的組合中，當連結的內容愈多，這一組的知識就會愈豐富，其他相關的單字也會被活化，當你我不斷地組合英文單字網路時，對於學習和記憶也就更有幫助。

除了單字外，文法也可以用關聯法來學習。

比如，老師在教過去式時，就要把之前教過的現在式拿出來比較不同處，這麼一來，學生就會將過去式和現在式當成一組來一起學習，而不會只記得現在學的過去式，卻遺忘過去所學的現在式。

學會、習慣使用關聯法後，將來所有的學習，都可以與你腦海中的組合連結在一起，將來即使要寫論文或申論題時，就可以從大腦中搜尋更多相關連結的資料，作答時也更爲豐富。

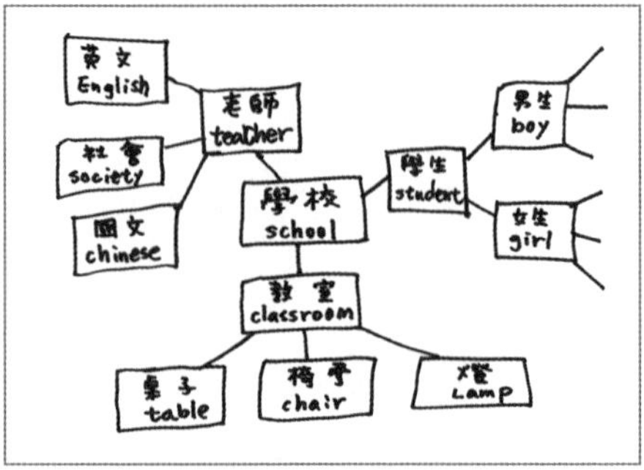

博士生這樣做

不只英文，任何科目都可以用關聯法

關聯法不只用於英文，用在其他科目也可以。

以數學為例，比如梯形是兩個三角形相加的公式，當腦海中每次看到梯形時，就會想到兩個三角形，如此相較於片斷的知識，關聯法比較不會遺漏其中一段的學習。

使用關聯法可以讓所學的知識不斷累積、堆疊，有「愈用愈靈光」的效果，也是讓短期記憶變成長期記憶的方法，並且有「複習」的效果，不只學科方面，生活上各式的學習，也可以使用關聯法。

容易忘的，更要大聲唸出來

最棒的讀書方法是讓大腦保持新鮮感，一直覺得學習很有趣。有博士生提到，對於屢背屢忘的部分，就會大聲地把易忘的部分唸出來，一方面是加強記憶，另一方面，彷彿也是在提醒大腦「要多留意這一個部分才行」。

在前面已經介紹過許多增加記憶的讀書方法，包括睡眠記憶法、關鍵字記憶法，都能讓學習的方式更加多元化，這裡，還要再補充「朗讀法」。

大家應該還記得小學上國語課時，老師總要我們朗讀課文，唸久了自然就把課文背起來了。有一陣子還流行背三字經、弟子規，縱使不知道意思，唸久了一樣不費吹灰之力就能記住。

朗讀法是把眼睛看到的，用嘴巴唸出來，讓自己的耳朵聽見，等於是運用了三個感官學習，既有趣又能增加學習效果。

當我們一直朗讀時，大腦只能專心處理這些傳遞聲音的迴路，其他的感覺都被抑制住了，因而加強了記憶的深度，讓記憶的品質更好。

藉由大量反覆的朗讀和背誦能將記憶送入更深層的意識之中，容易忘的更要大聲念出來，才能加深大腦的印象，有時候我們會發現總是一而再寫錯相同的題目，這時可以試試朗讀法，強迫自己記憶。

在語文的學習領域更是如此。人類是先記住發音再記住字形、字義的，所以學習英文相對比學中國字容易，因爲英文單字是由字母組成的，而中國字往往是抽象的圖案演變而來的，不會唸就記不起來。

因此，學習語文時最好能大聲朗誦，學習正確的發音方式，藉由優美的語調增加學習語文的樂趣與動機。

關鍵字記憶法——專剋長的難的文字

遇到很長很難記的定義、解釋，又不能不記時，如果靠死背，不但耗費許多時間，更是痛苦又不人道。

此時，不妨使用「關鍵字記憶法」。

在一段文字中，約有十五％到二〇％是重點文字，其他的文字就是用來連接全文或描述重點的文字，因此，只要把握重點文字——也就是關鍵字，即可以掌握全文。

使用關鍵字記憶法，首先要找到核心重點。

找到核心重點後，就將各重點串起來。

有博士生以專有名詞「目標管理」爲例：目標管理是一種參與式管理，由管理者和員工共同設定目標，來提升營運績效。

關鍵字就是「共同設定」目標。

至於是誰和誰來共同設定目標呢？既然是目標管理是參與式，當然是管理者和員工囉！

由於百分之八十的重點，大都集中在二〇％的教材中，讀書時，不妨準備一枝螢光筆，將關鍵字標起來，關鍵字最好不要超過七個字，因爲短期記憶一次可以記住的容量大約是七個位元，也要避免整篇文章都是畫線的重點，這樣就失去意義了。

使用關鍵字能夠有效幫助記憶，因爲關鍵字對大腦而言是有意義的文字，而有意義的東西才能記得長久，就像一棵大樹先有了主幹，要長出枝葉也就不是那麼難了。

此外，記憶關鍵字的時候，也可以使用聯想法。例如前面所提的關鍵字——「共同設定」目標，便可以在腦海中想像一群人共同插進一根旗桿的畫面，讓難記憶的文字圖像化，用關鍵字慢慢去聯結，一整道題的答案變悄然浮現了。

使用記憶抽屜，縮短記憶時間

人的短期記憶，容量有限，有研究指出，每次大約能記住七組訊息。

因此當你需要記住多而且雜亂的訊息時，不妨把訊息依照邏輯整理分類，放進不同的知識抽屜中，抽屜中每一組知識的數量，最好能保持在七個以下。

以下面這段文字，如果要記憶起來，可能需要花一些時間吧！

常見的環境污染可以區分爲空氣污染、水污染、固體廢棄物污染和噪音污

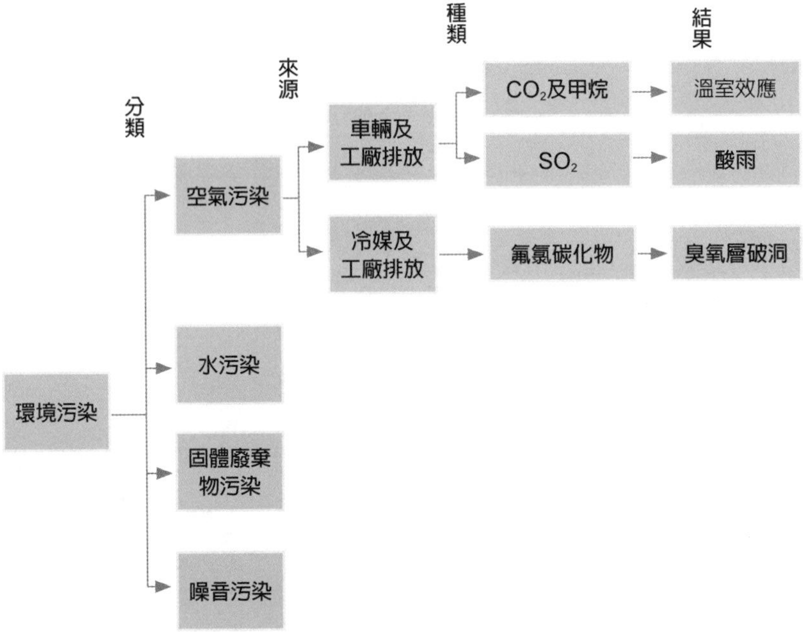

染。空氣污染的來源通常來自於車輛、冷媒及工廠排放，車輛排放的CO_2及甲烷會造成溫室效應，車輛排放的SO_2會形成酸雨。而冷媒排放的氟氯碳化物則會造成臭氧層破洞。

但是如果依照以下過程來回想，並且找出每個群組下的關鍵字，當成打開記憶抽屜的鑰匙，就能繪製成結構圖，方便記憶的搜尋取用：

一、主題是什麼？環境污染。

二、可以分成哪幾個群組？分類、來源、種類、結果。

三、每個群組下可以分類幾個項目？在分類可以列出「空氣污染」「水污染」「固體廢棄物污染」和「噪音污染」。

由於短期記憶並無法維持很長的時間，容易因爲外在的干擾、其他信息的持續進入，讓記憶變得模糊，最後甚至根本想不起來，必須經由其他感官的重複刺激，重複的背誦、書寫，才能轉化成長期記憶，變成像是一＋一等於二的直覺反應，因此，在以各種記憶法記憶時，也別忘了要常常拿出來「回憶」、「使用」喔！

04 博士生精做筆記不藏私

上完課之後，請儘快將老師上課的重點和書本內容，整理成一份屬於自己的筆記，方便日後複習。

第一件事：每一頁都蓋上自己的姓名章

筆記，一定要自己做嗎？多數博士生們都不推薦跟別人借筆記，認爲自己做的筆記才有自己思考的脈絡和軌跡，等於是把上課內容又複習了一遍，此時，筆記才有它的價值（事實上，許多博士生的筆記都成爲了學弟妹的「葵花寶典」）。

如果，你早就養成了作筆記的習慣，請問，你的名字會寫在何處？大部分的人一定是回答「封面」，不過，有博士生的做法卻是：每一頁，都蓋上自己的名字印章。

「這樣對於學習，將更有幫助。」博士生說，在筆記本上每一頁都蓋上自己的姓名印章，會有兩個好處。

第一，將筆記本借給別人時，在抄寫的過程中，對方不自覺中就等於在替你校對筆記內容是否正確，當發現有錯時，你的姓名印章就能幫助他快速想起筆記的主人是誰，然後再回頭告訴你。尤其是筆記本不小心被「拆散」了，有蓋上姓名章的紙頁，就可以省卻借的人回憶的過程，這是種貼心，當然也是種保護，避免自己的心血不幸在外流浪的可能。

此外，有時在上課過程中，我們可能會碰一些狀況，像是：有些題目我們來不及抄寫下筆記、某些題目課程中沒有清楚說明到、自己還沒有聽懂……等等，諸如此類的問題，都會讓我們記下的題目少了解答，若是能藉由把筆記借出的動作和別人交流，或許哪個好心人會幫你把答案補上，當筆記本歸還時，它就變得更加完整。

面對學習，筆記是我們重要的工具之一，幫助我們摘錄重點、幫助記憶、快速複習，這麼辛苦整理的心血，只要一個小小的姓名印章，就能夠讓學習有更好的可能，何樂而不為？

當然，如果你有屬於自己鍾意的名言或座右銘，也可以把它寫在筆記本封面上或任何你喜歡的地方，讓你隨時拿出它時，可以順便替自己加油打氣，現在開始，試著製作一本「個人化」的專屬筆記本，你的筆記本，也可以很不一樣！

博士生這樣做

筆記的封面，也要寫上勵志語

在筆記的封面，除了寫上科別、名字外，還可以寫什麼？

答案是勵志語。

下圖是博士生所提供的筆記封面，上面寫著「資格考　一網打盡必殺秘笈」，並加註「資考我不怕……」等字樣，每次複習時只要看到封面，任誰都會一整個有信心起來。

曾妍潔提供

課本畫線寫重點，使用三色原子筆

走進文具行，各式各樣的筆琳瑯滿目，聰明的廠商爲了配合消費者需求，甚至推出可自行選用顏色的三合一、四合一筆，大受消費者歡迎，不過眞要挑選起來，究竟我們的筆記本裡該用多少種顏色呢？

大部分人平時最常使用的三種顏色是紅、藍、黑，我們姑且稱它們是基本必備款，不過這三個顏色在課本上來看起來似乎顯得有些沉悶，既然市面上推出了這麼多種顏色可供選擇，想從課本中立刻找到重點的的我們，當然可以稍微變換一下，像是黑色畫線配橘色圈圈，讓重點看起來更醒目。

不過要提醒的是，除非必要，色筆的選擇盡量在三種顏色以內，因為筆記畢竟是以學習為主要目的，太過多樣化的顏色會凸顯不出裡面的重點，到時變成一本彩繪簿，就未免太可惜了。

既然選擇要花時間做筆記，怎麼讓濃縮的重點精華一目瞭然絕對是重要的，選擇用不同顏色書寫也是為了解決這樣的問題。

記住：最多三色就好；色彩的使用，可有暗色有亮色，如此就不會因為都是暗色，而造成死氣沈沈，也不會因為都是亮色，讓人眼花撩亂，找不到重點中的重點。

博士生這樣做

挑選適合的筆記本

市面上的筆記本規格樣式非常多，在選擇自己喜愛的包裝外皮之餘，建議還是先注意不要選擇行距太小的本子，不然看起來密密麻麻，再加上多種顏色擠在一起，看久了不僅眼睛會不舒服，也會影響學習效率。

準備較大張的便利貼

便利貼是我們記事、閱讀的好幫手，三不五時，不管是重要的留言、忽然想起的瑣事、一閃而過的訊息，隨手撕起一張便利貼寫下，就能貼在任何地方提醒自己。

而博士生們，也十分懂得運用便利貼來幫助學習。當我們接觸到的領域越來越專業，閱讀的書籍就一本比一本厚，一章比一章艱澀難懂，若是沒有經過整理記錄，想要單靠閱讀過一次，就讓自己下次能更快速的複習，根本就是天方夜譚。

況且，人並不是機器，要能夠心無旁騖在書本上的時間，總是會有個極限，當我們必須閱讀的書已經堆到半天高，還在埋頭苦讀的人只能看著事前做好功課的人讀起來如有神助、事半功倍，心裡不免會越來越慌。

談到這個問題，我們走訪了許多博士生，發現多數博士生都提到同一個預作準備的工具——便利貼。

便利貼的使用時機很廣，最常被用到的就是「重點補充」——當原有的筆記本已經寫滿了，又有新的內容補充時，就可以使用便利貼。

另外，由於課本或參考書籍都是由其他人撰述，不論文筆好壞，終究不是我們自己習慣的用語，甚至可能出現我們感到生澀的用詞，這種時候，我們就可以拿出我們準備的大張便利貼，用自己的話將定義或名詞再寫過一次，念起來就會順口很多。

而這樣類似「翻譯」的動作另外還有個好處，就是要將原先作者的字句轉化成自己習慣的文字，而且意思不能因此偏差產生錯誤，我們就得先將內容「輸入」進我們腦中咀嚼消化過一遍，等吸收了解後，再「輸出」成我們的語言寫在便利貼上，過程中我們就自然而然記憶住這段內容，下次複習就會因爲熟悉而更加快速。

在便利貼的選擇上，不建議太過小張，以免碰到某一頁有許多東西需要寫下，東貼一張西貼一張不只難找，更容易造成閱讀上的不便。

博士生這樣做

多人採用的黃色紙筆記本

當被問到那一款的筆記本最好用時，不只一位博士生拿出「黃底橫線筆記本」。這類的筆記本，尺寸有大有小，左邊有留了一段標頭，方便寫下標題或大項目，據說，在國外不少大學生，就是使用這一款黃色紙筆記本。

選對螢光筆，可增長讀書時間

市售的螢光筆，色彩賞心悅目，大家最熟悉的莫過於螢光黃、螢光粉，每每聽到「用螢光筆畫起來！」腦海中浮現的大多會是這兩個顏色。

請問，你現在所使用的，剛好是這兩種色彩嗎？

一位博士生就提到，自己從來不會使用螢光黃或螢光粉的筆來「大範圍」地標注重點，因爲以螢光筆來說，這兩個顏色都非常的引人注目，甚至有點太過搶眼，看久了眼睛很快就會疲累，對於有一大堆進度要追趕的人來說，當然就會讓閱讀時間被迫縮短，學習時間被切成好幾段，效果也跟著大打折扣。

學習，是以累積的方式進行的，我們可以學習技巧訣竅來提升效率，但畢竟是一步一腳印，如果大家讀書方法大同小異，單就投入時間來看，花的時間越多當然準備度就高了些，如果每天少念半小時，你算算，一年累積下來爲數有多可觀？

那麼，到底要用什麼顏色的螢光筆才最恰當呢？

綜合幾位博士生的親身體驗，綠色螢光筆是公認最耐看的顏色，可用來畫長一點的重點，比起其他色彩的螢光筆，看久了更舒服喔！

此外，綠色能吸收陽光中對眼睛有傷害性的紫外線，對大腦產生良性的刺激，使緊張的情緒得到放鬆，因此，很多人應該都記得，從小我們都被教導，平時，若是看書時間長、覺得眼睛很累，只要看看綠色植物一段時間，就能幫助眼睛慢慢紓緩疲勞，這可不是植物本身的奇效，而是它綠色外表所幫的忙喔！

採用「點點標記法」，重點一目瞭然

還記得念書時期，自己的課本或參考書裡面長什麼樣嗎？

普遍來說，應該都是用螢光筆、色筆畫得密密麻麻，加上許許多多的註記，大多數人都會在課本或參考書上畫重點，那筆記上呢？

由於筆記是濃縮後的重點，也是自己最需要加強的地方，如果要眞要再畫出「重點中的重點」，恐怕畫完一整本筆記本，它就變成是一本彩色的畫簿，最後反而不曉得哪邊是需要留意的地方，處處是重點卻越看越讓人覺得一頭霧水。

但就算是去蕪存菁的精華，一本完整的筆記本想必也不可能會是薄薄幾張，不畫出重點眞的可以嗎？

若是你有這個疑問，建議可以使用螢光筆，在需要注意的地方，以「點」的方式標記，不但能維持筆記的清潔感，連重點中的重點也一目瞭然。（如下圖）

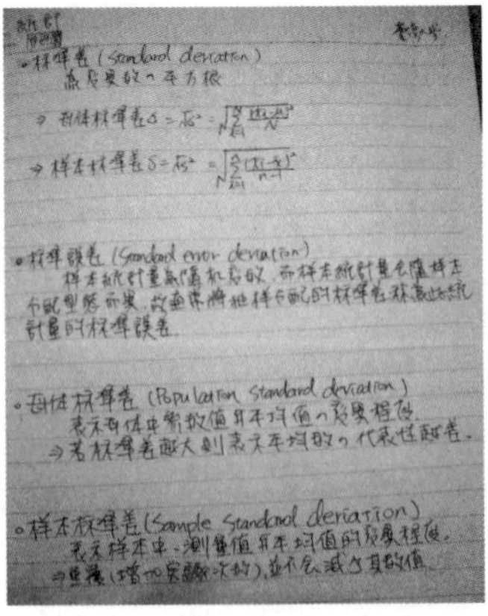
曾妍潔提供

千萬不要小看筆記本清潔感的重要性喔！方才提到的許多在顏色上的使用，都是為了維持筆記本內要有一定的「秩序」，讓使用的人有條理、有邏輯的發揮它的功效，如果忽略這點，硬是在筆記本裡畫滿「色塊」，或是完全不做任何加工整理，想必辛苦寫下的筆記能提供你的幫助還是有限。

好的課堂筆記，出自於「認眞聽課」

很多人怕上課時漏掉老師所說的重點，於是一堂課從頭到尾都拿著筆寫個不停，想要將老師說的話盡量抄下來，但其實這樣的觀念卻是大錯特錯。

一本好的課堂筆記，最重要的，是要聽出老師講授中隱藏的重點提示，用精簡的文字串連出筆記內容，幫助自己課後回憶再做整理，因此上課認眞絕對是做課堂筆記的第一前提。

如果眞的不小心錯過了重點沒記到怎麼辦？這時先在筆記本中空出幾行，接著繼續記錄其他重點就好，下課後再跟同學確認即可，不然只會讓你錯失老師接下來一連串的講授內容，最後筆記本上一片空白，又得要再跟同學借閱筆記。

在筆記上面，也可以用自己的話再做註記，讓原本艱澀的文字，變得平易近人！

博士生這樣做

課堂之前先預習

要做好「課堂筆記」，不妨在上課前，先將前一堂的筆記拿出來複習，並將老師接下來可能會講到的內容先預習；下課後也千萬別急著離開，留下來向同學借筆記把漏掉的部份補上，讓課堂筆記可以達到目的。

用鉛筆做重點筆記

想必大家都有這種經驗，做筆記時因爲要使用到不同顏色的筆，常常因爲急著記下稍縱即逝的重點，一下子換原子筆，一下換色筆，一下換螢光筆，一兩行的重點就搞得手忙腳亂，如果又不小心寫錯字，那塗塗改改的慘烈狀況就是亂上加亂。

因此，第一次記錄重點時，建議大家還是使用鉛筆比較妥當，要做好筆記，就要認清，你的筆記內容不可能在你第一次記錄時全部到位，呈現你最理想的形式，而這些版面上的調整，都可以留待課後再慢慢調整，而當你人在課堂中，最重要的是要專心抓住每一個重點，迅速的把它們記錄下來。

所以，在課堂中怕來不及做筆記的人，只需要統一用鉛筆，之後用色筆騰寫的時候，你就可以再理解記憶一次，這時候，想要修改字句，在什麼地方用不同顏色，在哪裡點出重點，你都有足夠的時間仔細斟酌。

當然，鉛筆最大的好處就是它只需要一塊橡皮擦就可以不留痕跡，作筆記忙亂中難免都會出錯，倘若是用原子筆發現寫錯時，一塊一塊白白的立可白看起來就是不太順眼，所以鉛筆在即時性及運用彈性上，確實是比其他工具有優勢。

也許有些人會認爲這樣是把同一件事重複做兩次工，但學習的過程本身就是要靠不斷反覆的理解、溫習，隨著熟悉慢慢轉變爲自己的一部分，懂得活學活用，既然筆記是這麼好用的工具，當有機會讓它更臻完整的時候，我們就不應該因爲偷懶而省略，一步一腳印穩紮穩打的學習，才是對自己有益的態度。

寫筆記時要留白

請問，你的筆記在各項分類重點之間會不會多空幾行？

很多人在寫筆記時喜歡各個重點黏得很緊，想說這樣比較節省空間，複習時就不必一直翻頁，某種程度上也不用一直在換筆記本，省一點小錢。

事實上，不少博士生在寫筆記時都有留白的習慣，方便日後有需要加內容時才不會沒地方寫。

學習的要訣是理解，而理解過後也要懂得觸類旁通，在上課時我們記下的第一手資料，課後經過討論，或是我們主動蒐集資料，又或是日後有了新的補充資料，都有可能需要追加進筆記本中。

筆記本，是我們學習過程的精華結晶，除了實用性，我們也應該讓它具備有延續性，如果在一開始製作時我們就做到留白的小動作，那筆記本就會跟著被「活化」，隨著資訊的不斷交替而有被更新的空間。

否則，新的同類資訊又被記錄在另一本筆記本中，要閱讀相關的重點整理時，還是得要一本本、一頁頁翻閱，資料一多，根本就像是大海撈針。

留白的功用不只是追加補充文字，在後續整理謄寫的過程中，當你理解消化後覺得需要追加圖表，往後閱讀起來會更容易瞭解，筆記本中就有足夠的篇幅可以置入，不然，可能就得擦擦寫寫的乾坤大挪移，或是靠便利貼補充了。

另外，考試過後，筆記本中一樣也可以有資料補充，容易錯誤的考題、相似的考題等等，都可以記錄進筆記本中的留白篇幅，做為往後複習的重點，以最快的速度將自己不熟悉或容易犯錯的盲點瀏覽一次。

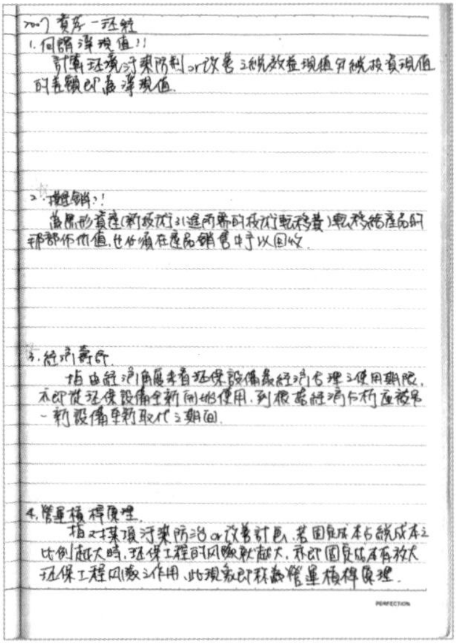

曾妍潔提供

作筆記，要有一定的規則

學生每天要吸收的知識十分多，很難將所有想到的東西都記在腦海裡，這時筆記本就會是最好的幫手。

除了先前提到的各種輔助工具和方法，我們還可以在筆記中加入自己的想法，也可以記錄別人提供的想法，例如：不同的解法、不同的推演方法、不同的解釋等等，這都是充實筆記內容的重要方法，套句資訊的說法，這算是某種資料的更新與維護吧！

此外，作筆記的規則也應該一致。

什麼是作筆記的規則呢？

像是各種螢光筆代表的意義、各種詞性所使用的顏色（如人名用紅色；時間用綠色）、筆記內容書寫的方式等，都要維持相同，才不會在往後複習時發現一本筆記本中風格多變，閱讀起來難以適應，打消了學習的興趣。

既然筆記本是我們學習的重要依據，內容的正確性也是相當重要，在課後整理複習的時候，我們就要習慣檢查自己有沒有筆誤、或聽不清楚而記錄了不正確的資訊，有時，我們也會發現老師的答案有問題，也可以和同學討論，或是主動跟老師反應，將錯誤的內容更正，以免影響了學習的品質。

博士生這樣做

以「分塊」方式讓筆記更清楚

有時候，在一頁之中，會寫入較多的重點。此時，該如何一目瞭然呢？只要用不同顏色的色筆，將「區塊」分隔出來，即可讓密密麻麻的筆記看起來清楚，又不會破壞筆記的整體美觀和邏輯。這個方法同時也適合修正筆記時使用喔！

林宛嫻提供

用Ａ４紙做筆記

博士生中，有些人在作筆記時，會選用Ａ４紙來作筆記，主要原因是「不想讓筆記本中的線條造成限制」。

就經驗來看，對於時間忙碌到不夠用的學生來說，有時使用Ａ４紙當作筆記反而更方便。

尤其是從大學時代開始，各種影印的、手寫的資料十分地多，大大小小的資料如果一股腦的同時來，更需要精簡又好用的筆記方式。

若是平日整理的筆記有一定的系統，內容也條列清晰，其實就可以直接將Ａ４的筆記放進報告裡，節省掉你大把的時間，甚至有博士生也會將老師給的投影片，直接和Ａ４紙放在一起，封裝訂成一本，往後要找該科目的資料時，只需要翻閱這一本即可，有助於資料查詢的方便性及整合性。

給只想在課本上畫線的人——先藍後紅畫線法

很多老師都會在課堂上，一頁頁帶大家將課本的重點畫起來，藉由這樣的動作，把自己教學多年的經驗提供給學生，方便學生們課後溫習。

請問，在回家後，你是否就一股腦兒地將老師畫的重點全部背起來？學習首重理解，囫圇吞棗的背誦只能應付一般的塡鴨式考試，就算考得高分也不等於你就眞的會了，只能說你把答案背出來了，這種短期記憶的學習其實很快就會歸零。

很多學生爲了讓短期記憶變成長期記憶，會一次又一次地將重點謄寫、濃縮數遍，直到記住了爲止。

但如果你是屬於「只願意做一次重點筆記的人」，不妨採用博士生提供的「先藍後紅畫線法」——在畫課本裡的重點時，先使用藍色原子筆，把老師說的重點都畫起來。

回家後，再將重點重新謄寫進自己的筆記本中，進行重複「輸入」「輸出」的理解消化動作，把老師抓取的重點再做一次加工，找到自己的重點。

最後一個步驟是，在考試之後，務必要針對不熟的、錯誤的部分，以紅色原子筆，在課本上畫上註記，往後要考相同範圍時，就直接看紅色畫線的地方，減少失分的可能。

如果你是屬於希望讓課本保持乾淨的學生，在第一次閱讀時，不妨先用鉛筆把不確定的地方畫線，當完全清楚之後，擦去鉛筆註記，用藍筆畫線保留需要加強注意的地方，之後再針對常考的地方或易錯的地方加畫紅線，提醒自己要注意。

博士生這樣做

使用標籤紙

即使再怎麼不喜歡做重點筆記，也要有讓自己可以「看到重點」的方法；再怎麼不喜歡動手寫，也會有自己最需要記住的部分。

除了先藍後紅畫線法外，也可以使用有色彩的標籤紙，標出最重要的地方。

05 博士生提高效率不藏私

覺得時間不夠用嗎？苦於讀書效率低嗎？快來學習支配時間、提高效率的方法吧！

靜不下來時，先念最拿手科目，增加效率

相信大家都有這種經驗，拿起自己喜歡的漫畫或小說，越讀越有精神，甚至爲了要「拚」著看到最後的結局，就算熬夜到三更半夜還是精神奕奕。但是，對於討厭的科目，一拿起課本或參考書，才沒讀幾頁，就開始昏昏欲睡，測驗題也越算越煩，到最後，只要看到書都提不起勁。

這是因爲當你經歷開心、緊張、憤怒等種種情緒時，這些情緒會刺激大腦運作，而大腦中的「多巴胺神經元」會根據你過去的經驗法則，建立對外在環境刺激的預測模式。如果外在刺激符合過去的良好經驗，大腦就會分泌多巴胺等大腦神經傳導物質，使你產生良好感覺。

同樣的道理，當你不知道該從哪一個科目開始念起，或是心情一直靜不下來時，建議就從最拿手的科目開始吧！

最拿手的科目，通常也是你最感興趣的科目，當你在閱讀課本重點時比較不會覺得乏味枯燥，練習相關例題時，也不會因學習挫折而感到無力。不知不覺中，緊張浮躁的情緒慢慢沈澱下來，接著繼續進行其他科目的閱讀，也比較能順利進入狀況。

博士生這樣做

念書順序，從個人程度來判別

在訪問到的博士生們中，多數人會先從自己拿手的科目開始念及複習，但也有博士生持不同的想法，認為念書的順序，要因個人的程度而異。

總程度較好的學生，建議從最弱的科目開始準備；總程度較差的學生，則從最拿手的開始念起。前者最怕有一科失誤，而拉掉總成績，所以要從最弱的科目加強起。

成績較差的學生，最重要的是找到利基點（成就感），為了建立對自己的信心，必須要把一科念好，如此就有興趣及信心來念其他科，所以，當然要先從最強的開始念起。

每天九〇分鐘的段落式學習法

在學校上了一整天的課，回家後又要複習大考，而不知道該從何著手時，該怎麼辦？

有博士生說：那就採取段落式複習法吧！

段落式學習法的重點在於「先學習、再複習」——每天都少量學習新的內容，然後再複習以前學習過的內容。

回到家之後，先洗個熱水澡，讓身體放鬆，讓心情在歸零之後，調整到讀書的最佳狀態。

開始讀書之後，先用三〇分鐘複習今天上課學習的內容，根據艾賓豪斯的遺忘曲線的原理，越新學習的內容，在越短的時間內複習，就越能保持記憶力，所以盡可能快速的將重點快速瀏覽過一遍，加深記憶力。

至於複習的時間分配上，可以利用回家的路上，在心裡就開始安排優先次序，例如，今天上了什麼課，重點複習什麼，要做幾題練習，把這些想法用鉛筆寫進讀書行程表中，完成之後逐一刪掉，每天都能產生讀書的成就感。

剩下的六〇分鐘，則每天安排不同的科目來複習，確定所有的考試科目都能循環念過一遍，平均分配讀書進度。

複習時間在精不在多，訓練自己以九〇分鐘爲目標，自然就能強迫自己專心學習，慢慢的提高讀書效率。

如果在假日，一整天需要複習許多科目時，最好能每小時間隔休息五到十分鐘，每個科目最多不超兩個小時，才能集中注意力。在感覺浮躁焦慮的時候，也可以告訴自己「加油！再過〇〇分就能休息了。」，幫助自己達成目標。

充分使用「萬用手冊」做好時間規畫

擬定讀書行程表時，如果能夠訂立明確的目標，以「烏龜精神」每天持之以恆努力，最後就能達成攻頂目標。所以建議充分使用「萬用手冊」，做好時間規畫。

在坊間的萬用手冊中，有許多不同的時間管理格式，可以同時購買年、月、日三種格式的計畫表，把年度計劃當成是設定遠程目標；月計劃是近程目標；而日計劃的二十四小時，就可以清楚地寫下每天預計完成的功課。將學習內容化整爲零，轉化成容易達成的目標，就能減少恐慌及壓力。

計畫執行初期，盡可能在讀完一個段落後，隨手記錄自己讀書的時間、科目及內容，適度調整計畫的可行性，也能了解自己的讀書效率。將讀書效率最高的時段，用來準備需要思考或者需要邏輯推演的科目，其他的時間則準備需要記憶的科目，例如文史類或者背誦英文單字。

為了讓讀書行程表更有成就感，每天除了確認目標達成之外，也能為自己打分數，或者寫下評語心得，不管是加油的話語，隨手的塗鴉，或者可愛的小貼紙，都能為枯燥的讀書行程表添加樂趣。

博士生這樣做

用表格看看自己怎麼用時間

一天有二十四個小時，但是你知道自己每天的時間都花在什麼地方嗎？有博士生會以萬用手冊中的每日時間表（以一或二小時為單位），詳細地記錄自己一天的作息，然後從中看出自己有哪些時間花在不必要的浪費上。

也可以先用色筆將睡眠時間、吃飯時間、娛樂時間、讀書時間分別塗上不同的顏色。

如此一來，便能看出自己一整天讀書的時間究竟有多少？如果發現自己的讀書時間不夠，就想辦法挪用其他時間來使用。

沒有萬用手冊的人，也可以拿出白紙自製表格或圓餅圖，也可以從中再擠出念書的時間喔！

讓時間規畫「使命必達」的方法

常常有人說，「我在一開始時，也會規畫讀書行程表，但就是做不到，怎麼辦？」如果，你也是「計畫趕不上變化」的人，那麼請看看博士候選人們是如何「有效地照著讀書進度」走。

秘訣就是在一開始規畫時，加入彈性時間。

請記住，讀書行程表只是安排複習時間和進度的構想而已，除了安排讀書時間，也要安排休息及彈性時間，若是硬要把每個可以利用的時段都塡滿，反而造成緊張和壓力，也可能因爲無法達成而感到挫折，反而得不償失。

舉個例子，在晚餐前的下午四點到六點，就是彈性時間。萬一遇到突發的事情需要處理，或者之前安排的進度沒念完，就可以運用這兩個小時來完成。如果前兩個時段都念完了，這個彈性時間，就當成是給自己完成目標的獎勵吧！讓自己暫時放鬆一下，出去運動或者散步，抒解讀書壓力。而且當你經常性完成目標，就能產生成就感，也會更有衝勁持續用功。

也因爲讀書行程表具有彈性，爲了要因應突發情況而重新調整行程表，不需要考量美觀性，盡可能使用鉛筆來作紀錄吧，確實掌握自己的學習眞實進度。但請切記，就算是彈性安排，當周計畫也務必在當周完成，才能達到進度控管的意義。

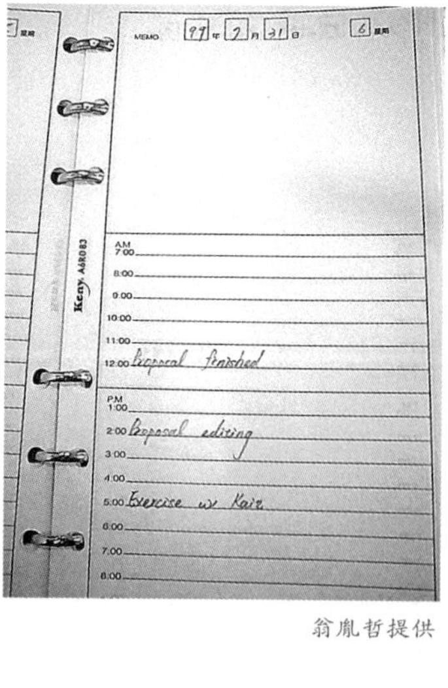

翁胤哲提供

使用「雙向」超前進度念書法

博士生要讀的書非常多，如何在書海當中維持讀書的步調呢？

不只一位博士生提到，自己會使用「超前進度法」。

「就算已經規畫好讀書行程表，但是如果當天情況許可，還是習慣讓自己超前進度，每天都把第二天要讀的多讀一些。」

這是因爲讀書有很多不可控制的因素，一旦無法按照原本規畫的走，之後爲了趕進度而拚命讀書，反而不容易消化吸收。

所以，每天都多念一點的，可說是一個「防範未然」的方法，只要每天多付出一些時間，每個月通常都能提早七到十天念完，當你比周遭的同學進度提前，每天又能夠再超前一些進度，就能將剩餘的時間拿來閱讀額外的補充資料，或者回頭再複習一次，讓自己能夠更加深記憶。

也有博士生提出「雙向超前進度法」，除了上述的每天比進度多念一些下，他在最初時，就比別人要更早開始念，如此比人家早念，每天進度又超前一點，對自己也有激勵效果。

採用雙向超前進度法，在第一個星期時，雖然會覺得辛苦，但是一段時間之後，就能慢慢調整讀書的步調，而變得游刃有餘。需要注意的是，進度最好還是以一章爲單元，不要將各小節切斷，學習概念比較能完整瞭解。

不妨把這樣的目標，當成闖關遊戲的越級挑戰吧！當讀書行程表上，自己進度超前達到挑戰目標時，也別忘了給自己一個小獎勵，例如多買個小點心，或者經濟狀況許可的小禮物，利用正增強的心理作用，讓自己愛上超前進度的感覺。

利用下課十分鐘寫作業

當下課鐘響起，這時候你會做什麼？閉目養神？去洗手間？或者散步去買個點心飲料？有博士生會運用這短暫的時間，重新複習剛剛學習到的內容，或者利用下課十分鐘寫作業。

別看只有短短十分鐘，這個方式不但可以節省回家後寫作業的時間，也可以立刻確認自己哪些地方不熟悉，馬上請教其他同學，對於記憶力也有神奇的功效。

德國的心理學家赫爾曼．艾賓豪斯（Hermann Ebbinghaus，一八五〇—一九〇九）提出「遺忘曲線」理論，他在記憶衰退的實驗中發現，學習後二十分鐘，記憶剩下五八%，之後逐漸遞減，一天之後，剩下三四%，等到一個月之後，就只剩下二〇%了。但是若是能在記憶大幅衰退的二十分鐘內，進行複習，對於記憶力有更好的提升。而且愈早複習，需要付出的努力愈少。所以在上課時，不管在怎麼集中注意力，學會的內容也只是腦中短暫的記憶，需要經過反覆的複習及提醒，這些記憶才能成為長期的記憶，不然很快就會遺忘。

同樣的道理，在補習班上課時，就算老師運用很多教學方法和背誦技巧，回到家之後，如果沒有半個小時進行複習，而是拖到假日才複習，很有可能得花上一倍以上的時間才能重新回想。兩者相較之下，貪圖一時的休息，卻得花加倍的時間才能補足，是不是很不划算呢？

請記住：以最少的時間與努力，獲得最大的學習成效，這才是有效率的讀書方法。

將念書時間規畫成三分

面對考試來臨，總是覺得時間不夠用怎麼辦？

大家都了解把握時間的重要性，但往往不經意就讓時間悄悄流逝，到底要如何把握時間呢？

有博士生提到，將一天的時間分成三等分，觀察自己哪個時段的精神最好，精神最好的時段就拿來念比較難的科目，精神不濟的時候才用來休息或寫選擇題。

這位博士生的時間規畫是：早上念最拿手的科目喚起讀書興趣；下午再念最弱的科目；晚上則念中等弱的科目。

調整過讀書時段之後，發現讀書的效率提升了，連精神萎靡的時間都能把握住，不會白白浪費，因而無形中又增加了許多念書的時數。

早上九點到十二點、下午一點到五點、晚上六點到九點是屬於完整時段，應該用來研讀書本，至於走路、搭車、吃飯等零碎時間，也可以善加利用。

很多成功的人士都是善用零碎時間的高手，例如坐公車的時間拿來背背單字，甚至一邊洗澡的時候，也可以一邊回憶今天讀書的內容。

不要小看零碎時間的利用，日積月累也有驚人的讀書時數，如果成功的關鍵是比誰更能善加利用時間的話，好好安排自己的一天一定是必要的。

活用零碎時間，把念書時間變多了

準備考試時，該如何充分運用時間呢？

時間可以分成兩類來運用，一類是連續、完整、效率高、不受干擾的完整時間，相反的，不連續、不完整、效率低、受干擾的時間就是零碎時間。

運用時間時，不妨在前一天就先想好隔天的行程安排，針對需要邏輯思考的科目或者是需要較長時間準備，較弱的科目，安排在完整時間閱讀。而剩下來零碎的時間也不要放空或發呆，把它當成自我學習的時間。

例如：

- 早上剛起床時進行早讀。
- 準備出門時聽外語錄音帶。

・等車等人或者通勤的時候，攜帶重點筆記，或者口袋英文單字書閱讀。

・上廁所的時候，廁所放單字本，就可以隨手背誦。

這樣的嚴格控管，消除了浪費時間的所有可能性，也能讓生活學習規律化。甚至連三餐的時間，運用都有訣竅。

一位博士生說：「很多人會在中午的時候外出吃飯，我則是把午餐、晚餐都先準備好放在包包內，如此一來，不但不必在外面人擠人，也可以免除吃太飽的問題，更可以聚集精神在念書這件事上。」

此外，如果能搭配著每個人的生理時鐘來安排時間，讀書效果更好喔！

有研究指出，通常清晨是大腦最活躍的狀態，適合記誦一些知識要點。早上十點和下午五點，是學習效率最高的時間。晚上八點到十點：記憶力和邏輯思維能力最強，適合做一些記憶性或推理性的學習。

博士生這樣做

邊念邊動法

博士生們實在太厲害了，除了上述活用零碎時間的方法外，有博士生回到家後，會一邊坐在書桌前念書、一邊舉啞鈴；或是一邊背單字、一邊做仰臥起坐或伏地挺身。

也有博士生會利用中午吃飯時外出散步，並且多看遠方，保護視力。

如果有一些雜事待辦，如聯絡朋友等，可以趁午餐前二十分鐘處理，千萬不要在念書當中進行，以免破壞了讀書力。

三十分鐘英文教學，每天必聽

博士生要看很多的原文資料，英文的訓練是一定要的。然而要如何在很緊湊的一天當中，硬擠出時間學英語呢？

一位博士生說，再怎麼忙，也要給自己三十分鐘來學英語。

這三十分鐘，必須是固定的時間，且可以收聽到英語教學的時段。

這位博士生回憶自己高中的時候，每到了晚上，就會打開廣播，聽長春藤解析英語，培養自己的聽力。

即使聽著聽著睡覺了也不要緊，總之就是養成每天固定聽英文教學三十分鐘，只要有恆心和毅力，長期累積下來就會練就一定的功夫。

由於每一家英文廣播教學的時段不同，可視個人的作息時間來選擇，不論是空中英語教室、長春藤解析英語、大家說英語……等，都有各自播出的時段，最重要的是養成每日固定收聽的習慣！

此外，看英語字幕的電影DVD或一系列影集也是很好的方式。DVD中會打出英語字幕，透過一邊聽一邊看來練習聽力。

重點是持續並徹底的實踐這種方式，剛開始會比較辛苦，但養成習慣之後，聽力大幅提升，便會很有成就感。

博士生這樣做

每天早上聽「大家說英語」

有博士生在高中時，會利用每天早上起床後，打開收音機，一邊做事一邊收聽「大家說英語」。早晨的時光是頭腦最清楚、知識吸收率最高的狀態，在不知不覺中，創造英語的環境，透過潛移默化的力量，增強自己的英語實力。

聽對英文廣播節目，學習更有效率

市面上有許多英文學習書，針對字彙的記憶、文法的運用以及寫作的練習進行指導，但若要有效率地，全面性地，提升英文能力，最好的方法就是將英文融入生活之中，讓說英文就像說母語一般的直覺應用。

不管是學唱英文歌，看電視的時候選擇HBO，用英文頻道看大聯盟轉播，或者是在通勤時間的空檔時間，也可以利用純英文廣播頻道，輕鬆營造英文學習環境。

如何選擇廣播頻道呢？有博士生建議聽美國國家廣播網「NPR」(National Public Radio)、英國廣播電台（BBC One）。這些頻道將美國著名的小說錄成廣播劇、有聲書，而且在網頁上就可以隨時點閱收聽，不需要額外購買教材，又能掌握最新的時事消息，對於眞正想學習英文的人，有很大的助益。或者可以選擇ICRT，在休閒娛樂時，放鬆心情來聆聽。

剛開始時，可能會聽不太懂，但只要持續的聆聽，就會發現很多學過的字彙，都會在廣播的對話中出現，這時不妨把自己當成牙牙學語的孩子，跟著廣播重複著唸，日積月累之後，就能把英文當成習慣表達的方式了。

學英文不如用英文

關於英文學習的方式有千百種，有博士生提到，對於學習英文最有效的撇步，應該是各種有趣的學習方式。

大部分懷舊的英文老歌，單字及文法都不至於太複雜，很容易就能看懂，隨著輕快的旋律哼哼唱唱，很容易就能熟記歌詞，配合著節拍，唱唱跳跳，也能提振無聊的讀書情緒，更棒的是能在快樂的氣氛中，熟記句型的應用方式。

英文作文常常是考生很頭疼的功課，不妨用寫日記的方式開始練習，起初不需要考慮寫作結構，簡單的敘述一天的經歷和感受，能寫多少就寫多少，並且盡可能應用當天學過的單字，不但能複習單字，也能順便思考文法應用。

如果遇到不會的單字，千萬不要停下來翻字典，想想看有沒有別的方式可以表達，或者先用中文及圖示暫時取代，之後再補充進去，讓寫作可以一氣呵成。

單字是英文的基本元素，與其一個一個的背單字，不如就從背例句或背文章開始，大聲的朗讀出來，加深印象，當你念得順了，闔上書本憑記憶背出來，背到熟練了，再默寫一遍，直到確認默寫無誤後，在讀書行事曆上爲自己作個記號，記號越多，成就感也就越大。

只要每天多念，多背，多寫，英文能力就能很快進步。

讓自己習慣使用英英字典

學習英文最大的阻礙是以中文的思考習慣來學，許多單字經過中文翻譯之後往往失去了原本的意思，因此，學習英文最佳的方式應該是直接使用英英字典，讓自己習慣用英文的邏輯來思考。

「無論在造句或寫作上，用正確的單字，是得分的基礎」，然而，現今學生只習慣看單字的中文翻譯，卻沒有深入了解單字眞正的使用方式，很容易造成「用錯單字被扣分」的結果，實在很可惜。

爲了不讓這樣的遺憾發生，無論是電子辭典或紙本字典，博士生建議從國中開始，使用英漢、英英兩本字典一起使用的方式來查單字；慢慢地訓練自己只看英英字典。

畢竟光是用英文解釋英文，都可能會有所誤差了，何況用另一個語言來解釋；此外，用英英字典也等於讓自己多看英文句子，對於閱讀能力的提升有很大的幫助。

博士生這樣做

文法書這樣選

TIP1：選擇對文法概念講述清楚，並有許多例子可參考，並有練習本，可讓讀者確認自己是否真的了解。如：東華書局出版的《東華新世紀英文文法》。

TIP2：選擇外國人寫的文法，可以深入了解文法的使用方式，甚至典故。如：CAMBRIDGE的《Basic English Grammar in Use》《Advanced English Grammar in Use》。

讀書時，一定遠離電腦、電話

在讀書時，請仔細觀察，你讀書的時間都完全在讀書嗎？觀察很多的考生，讀書的時候也很忙，讀到什麼地方不懂，就上網查資料，突然看到有趣的新聞，就「不小心」點了連結去閱讀；朋友在MSN線上，傳了訊息過來，總不好意思不回吧，又不小心聊了起來；這時候手機響起，有同學約週末吃飯，到底要不要去呢？

爲了要專心讀書，建議在家中整理出讀書的獨立空間。有博士生的讀書環境就是在一個角落，用書櫃把自己遮起來，營造自己一個讀書的小天地，當然你也可以選擇到圖書館或K書中心看書，只要環境安靜、光線充足，通風良好，別讓其他的事物分了心，就是好的讀書環境。

無論準備什麼樣的考試，除了讀書的時間長短外，更重要的是能不能專心。固定的讀書環境也可以讓自己養成習慣，不需要事前的暖身時間，就能直接進入狀況。

此外，有不少博士生在念書時，絕對不帶筆電，以免自己上網查東西、和朋友通訊息分散時間，甚至連電話也全部關機，在讀書時間之中，避免其他的事情打岔，分散注意力。

讓讀書效率提高的「書桌書架整理法」

讀書環境除了空間環境的設定，書桌和書架的擺放也是一大重點。在訪問時發現，大多數博士生都很重視書桌的擺設，在念書時，書桌上通常只放必要的文具及書本，其餘的雜物一律撤走，以免整理儀容的鏡子或者有趣的漫畫，成爲分心的禍首。

書架的陳列，也是値得提出來的地方。不少博士生會將參考書及課外書分開擺放，同科目的書及相關資料放在一起，筆記、檔案夾也是，如此就能節省找東西的時間，而且也避免讓自己隨時有藉口，離開座位。

如果覺得自己最近讀書情緒低落，也不妨爲自己寫下勵志的標語，貼在隨處可見的角落，例如：「加油！堅持到最後，勝利就是你的。」「只要努力，成功指日可待！」就算考試考不好，也可以爲自己貼上「今日的挫折是明日成功的踏腳石」的標語，爲自己加油打氣。

開始讀書之後，非必要就不輕易走動。如果眞的很難專心，就運用讀書五到法則

「心到、口到、眼到、手到、腦到」，用眼睛看書，用嘴巴念書、用耳朵傾聽自己朗讀出來的內容、用手記下重點筆記或例題練習，自然就能心無旁騖，也能幫助思考，快速提升學習效率。

博士生這樣做

關燈就要好好睡覺

入睡前，腦海中如果還一直盤旋著書中內容，將會影響入睡時間及品質，所以要讓自己養成「燈亮了就讀書，要休息就關燈」的習慣，在心理學上能夠幫助自己藉由外在環境的暗示，達到心情的調整。

評量，是確認的最佳方法

在考試準備過程中，可以概略區分三個時期。

第一個階段要爲知識打下地基，至少把課本認眞的看過一遍，整理出筆記及重點，依照評量或參考書進度練習基本題。

第二個階段要增加熟練度，大量增加自我測驗的時間，並且切實的訂正考卷，找出自己不熟悉的，容易混淆的概念，註記在課本或者筆記之中。

第三個階段，則是開始試寫考古題，並且模擬考試的情況。

爲什麼自我測驗那麼重要呢？因爲讀完書之後，很多觀念都處於似懂非懂的狀況，大量練習評量或者參考書的題目，利用考試的刺激，重新回想整個知識，加深理解與記憶，務必要找到自己錯誤的原因，如果不能從詳解中找到答案，就直接找人詢問，才能確實找到盲點，釐清觀念，避免下次犯錯的可能。

爲了讓整個過程更有趣，有博士生會將寫評量的過程，當成一個遊戲，每次考試，就好像挑戰一個新的關卡，就算考的成績很差也不要覺得垂頭喪氣，反而要慶幸，考到一張很有價值的考卷，幫你偵測出答題的地雷，只要透過反覆的練習，當你從分數的回饋，看到自己學習深度越來越高，你就能成爲考試的贏家。

考古題，必做！

有句話說：會讀書，不見得會考試。

考試和讀書的確不同，因此，當考生讀完大範圍的課程之後，就可以在讀書計畫中開始安排考古題的練習，訓練「手感」，不但可以檢視自己的盲點或不足之處；對於出題類型能更有概念，能從中感受出題老師的偏好；並且還可以試著去思考類似題、延伸題，甚至是與考題相關的時事新聞，透過自問自答的過程，讓自己對於主題相關概念能夠通盤的思考。

做考古題，也能訓練自己看到題目時，如何快速找到題目的關鍵字；對於申論題，則可以清楚構思答題架構，務必言之有物，讓閱卷者可以清楚知道你所要表達的重點；還要控制整體時間的分配並且訓練寫字的速度，避免在正式考試時，字跡太過潦草而被扣分。

有博士生偶爾也會模擬考場情況，用計時的方法，增加考試臨場感。

假如你在一開始時，連考卷都還寫不到一半，請千萬不要感到氣餒，把壓力當成自己成長的助力，當反覆練習之後，發現自己能夠在時間內完成作答，甚至還有充裕時間重新檢查時，相信你已經勝券在握。

早起不熬夜，最有效率

「能夠考上榜首的人，應該都是日以繼夜，不眠不休的讀書吧？」很多人都會以爲，如果要考上理想志願，就應該要從早到晚，不停的讀書，但是事實上並不是這樣。

不只是從報章雜誌上，看到許多訪問榜首的相關新聞提到，他們通常都在十二點前就寢，讓自己有充分的睡眠；在訪問博士生們時也發現，博士生們都不太有熬夜的習慣——其中，不乏有年少時曾經熬夜，發現效果很差，如今不熬夜的博士生。

「會熬夜的人，心中都會以爲『既然花了時間，一定會有成果』，卻忽略了夜間時段不適合念書，沒睡飽反而會影響記憶，而且讓身體更累，造成熬一夜，用兩天來補回，更會降低念書效率」一位博士生斬釘截鐵地說。

其實，只要讀書計畫安排得當，就能完成複習進度，即使眞的因爲突發狀況而沒有辦法完成，也可以將每周日安排爲彈性日而補足進度，千萬別爲了要趕進度而熬夜讀書，反而造成惡性循環，白天精神恍惚，在上課時間打瞌睡，之後又得花雙倍的時間補足進度，那眞是事倍功半，得不償失。

此外，在熬夜時，考生常以甜食或者消夜補充體力，或者喝濃茶或咖啡提神，也許短期間能夠讓自己清醒，但是長期下來，不但容易造成維生素B群的大量消耗，在體力透支的情況下，導致腦袋昏昏沉沉，思考遲鈍，更可能造成肥胖的反效果。

要把讀書當成長期計畫，讓自己有好的睡眠品質，才能有清晰的頭腦思考，即使在考前更要充分休息，養精蓄銳，應考時才能冷靜答題。

睡前半小時看一節翻譯小說，放鬆心情

考試的緊張壓力，讓許多考生有翻來覆去失眠，或者睡不好的狀況，白天反而更覺得更疲倦。因此建議最好能在睡前半小時，有意識的讓自己放鬆心情，才能讓自己睡的好，精神好，讀書效率更好：

建議你可以試試看以下的幾個方法，

一、閱讀：閱讀輕鬆的課外讀物，轉換緊張的情緒，增加閱讀能力及常識，也能

藉由靜下心來閱讀的時間，訓練專注力；有博士生會在睡前看一節翻譯小說，放鬆心情。

二、洗熱水澡：選擇薰衣草或者有舒緩香氛的洗髮精或沐浴乳，洗個熱水澡，讓身心做好休息的準備動作。

三、飲食：睡前兩小時避免大量進食，避免辛辣及刺激性飲食，喝杯熱牛奶，也能幫助放鬆。

四、運動：作些柔軟操或伸展運動，能夠舒展筋骨，幫助肌肉放鬆。

五、切忌睡前上網、看電視或玩電動，容易讓情緒亢奮，更難以入睡。

六、累了才睡：如果眞的睡不著，就起床繼續讀書，直到疲倦了再上床睡覺，才能保證睡眠品質。而隔天也別因爲想補眠而賴床，讓自己仍然在固定的時間起床吧！雖然這幾天因爲睡太少而覺得不舒服，但是卻是一個有效調整生理時鐘的好方法。

用音樂驅除雜音

爲了要集中注意力，有博士生選擇在讀書，寫論文或程式的時候聽音樂。

聽音樂並不是爲了要享受音樂，而是藉由音樂排除周遭環境的吵雜聲，讓自己隔離在獨立空間之中，回歸到平靜的心情，進而幫助頭腦運作。其中莫札特音樂，經過實驗證明，對於學習特別有效。

在一九九三年的自然期刊所提出的「莫札特效應」，是心理學家在美國加州爾灣分校完成實驗時發現，大學生在聽完莫札特協奏曲十分鐘之後，他們所完成的智力測驗中，於空間推理的能力增加，所以推論莫札特的音樂有增加智能的效果。其他後續的研究更發現莫札特音樂效果不僅於此，它能幫助乳牛產出的牛奶增量，清酒的發酵更完全，還能作爲胎教音樂使用。用在音樂治療上，更可以幫助情緒改善，降低焦慮，也可以增加注意力，減少躁動。

爲什麼莫札特的音樂有心理上的療效呢？據說是因爲其音樂的節奏、旋律和頻率，容易與腦中的 α 波（8~14Hz）產生共振，α 波是屬於意識與潛意識層面之間的橋樑，當大腦在 α 波的狀態，創造力及學習能力都能達到最佳狀態。

所以當你下回讀書時，不妨選擇古典音樂伴讀，也許能夠幫助你學習更加快速喔。

用搖滾樂趕走睡蟲

讀書時總有精神不濟的時候，該怎麼辦？

怕書念不完繼續撐下去？還是讓自己先休息一下，等精神好再讀？

許多人應該也有這樣的經驗，在圖書館念書時，因爲怕書念不完，就算打瞌睡也堅持坐在位子上，不願意起來動一動，結果一整天下來，卻發現實在想不起來自己到底念了什麼？

一位博士生說，讀書時需要絕對的安靜，至於心神不定、坐立難安時，就不勉強自己坐在書桌前看書了。當精神萎靡時，他還會藉由聆聽搖滾樂明快的節奏、嘶吼的爆發力，幫助自己釋放內心的壓力。

聽搖滾樂會很澎湃，有加速血液循環的感覺，精神會很好，像是「聯合公園」的歌，也受到博士生的推薦。

放些輕音樂、古典音樂，也可以增進讀書效果，使內心平靜；但不要聽有歌詞的流行音樂或廣播電台。

讀書想睡覺的時候，不如暫時起來動一動，依照個人習慣，例如：讀三〇分鐘，休息五分鐘，但讀書的時候一定要要求自己絕對專注。這樣，比一直盯著書本打盹的讀書效率要好太多了。

書念不下去、想睡覺的時候，就去沖個澡、聽聽音樂，等精神恢復了，又可以繼續衝刺。

懂得調解自己的壓力、適時放鬆一下，是幫助自己走得更長久的不二法門喔！

面對讀書考試的高度壓力，讓自己的腦袋偶爾放空、培養正當的休閒娛樂，也是必要的啦！

考前三個月，筆記應全部完成

準備考試的致勝關鍵，就是筆記。

每次複習時，養成「思考書本內容，並歸納成重點」的習慣。把自己覺得難以理解的內容，重要的特點，或者是彙整的圖表精簡成「葵花寶典」，整理的過程中，將書本內容，經過大腦思考、邏輯判斷程序，重新組織、歸納整理，成爲自己能徹底了解、充分融會貫通的資訊。還可以訓練字體的工整，加快寫字的速度。

在考前三個月的衝刺計畫，就應該把筆記全部完成，專攻於筆記的複習時，遇到不清楚的內容，就要深入瞭解問題的重點，以思考和蒐集資料的方式，讓理解更加深加廣，來解決這個問題，畢竟如果不能理解，再多看幾遍也只是背答案而已，對於成績一點幫助也沒有。

此外，只有熟讀書本內容還不夠，如果希望能夠在考試中拿高分，就必須持續練習歷屆試題，熟悉回答試題的技巧，讓自己在限定的時間內完整表達想法。

在練習歷屆試題時，除了對於容易錯的題目加強註記也可以，針對需要申論的題目，多蒐集相關的名言佳句，強化自己的觀點，而數理科目的計算，不妨從標準解到最佳解都廣泛的思考，避免考試時因爲忘記解法而一片空白。

大考前一星期不要念書

愈接近大考，心情愈緊張，有時候甚至連睡都睡不好，這段時間讀書的效率其差不比，越急著讀書，越讀不進去，反而產生挫折感。如果你也是這樣的考生，或許可以參考博士生的「考前一星期不念書」的方式。比如，七月一日要考基測，那麼六月二十日到六月二十七日就不念書，六月二十八日到三十日再看自己做的重點濃縮筆記。

這樣的想法，很多人初聽到時，會覺得不可思議，認爲「怎麼可能，都到了考前的緊要關頭，一定得更加緊努力才行！」但是，讀書是靠長期積累的過程，應該長期配合讀書計畫，扎實複習，考前一周應該注意的重點反而是留意不要生病，紓解考試的壓力，保持自己身體的最佳狀況，避免因爲緊張而失常。

不但作息要正常，飲食也要正常，避免吃太多高熱量、高膽固醇的補品，反而增加身體的負擔。如果有宗教信仰的人，也可以去廟裡拜拜，求平安符，讓自己心安。

考試前提早到考場適應環境，避免因爲遲到而造成慌張。每科考試中間的休息時間，不要和他人討論題目，不但於事無補，更可能因爲患得患失的心情而影響之後的考試狀況。這時應該拿出重點筆記迅速地瀏覽，或者藉由上廁所、反覆深呼吸讓自己情緒平靜下來，也可以藉由自我暗示的方式，告訴自己，「只要堅持到最後，一定可解答出來」。

06 博士生突破瓶頸不藏私

讀書是否停滯不前？要突破學習障礙
需要引導，你不知道的突破瓶頸！

排斥時，就看相關課外書

某些科目，上課聽不懂，回到家複習的時候，還是一頭霧水，考試成績一落千丈，眼看再這樣下去就快要失去信心，甚至完全棄守了，怎麼辦？

一位博士生回憶，當她國中唸化學時，看到課本上一堆「公式」、「元素」，覺得既無聊又枯燥，讀起來簡直是一個頭兩個大，惡性循環的結果，變成一想到化學二字，就覺得很難。就算想要藉由參考書來補救，也因爲書上的重點針對考試而設計，片斷而零散的知識，讓人無法了解整體觀念脈絡，還是有看沒有懂。

有一次，她和導師聊起對化學的無奈時，導師建議她不妨先從相關的課外書看起，果眞當她放鬆心情，用看閒書的心態重新閱讀化學相關書籍，一看就看出興趣，對於相關概念也能更全面性的了解。

同樣的道理，對物理摸不著頭緒的人，可以看看《蘇老師掰化學》（*Dr. Joe Schwarcz*）；對物理排斥嗎？那麼《觀念物理》《別鬧了，費曼先生》都是建議可看的相關課外讀物；對於文言文失去耐性的人，不妨從較有趣的小說文言文看起（如吳承恩的《西遊記》、羅貫中的《三國演義》），先拾回學習的興趣，再繼續往學習之路邁進。

博士生這樣做

網站資訊也很棒

「台灣師大物理系 物理教學示範實驗教室」網站，有很多關於物理的有趣動畫、討論與研究，可以幫助你克服對於物理的障礙喔。

轉看另類讀物，吸收不同資訊

當讀書遇到瓶頸；進行研究沒辦法釐清頭緒時；或是遇到無法解決的難題，與其作困獸之鬥，不妨先停下來，做些別的事情轉換讀書情緒。

例如，可以看看其他類別的書籍，假使原本正在鑽研數理科目，不妨看看歷史方面的課外讀物。例如司馬遷寫的《資治通鑑》，不但可以了解歷史上發生的故事、趣事，還能藉由了解歷史人物的處世態度，作爲自己應對進退的借鏡；也可以站起來做些簡單的有氧運動，伸展四肢，活動筋骨，不但可以幫助舒緩壓力，也能提升腦內血液的含氧量，恢復記憶力與思考力。

這時候再回頭來看之前無法解決的難題，如果還是不懂，就作註記，下次繼續努力。等過了兩三天之後，再重新開始研究，也許原本想破頭也無法解決的難題，很快就能找到解決方法。

這是因爲當大腦已經不再自覺的思考這個問題時，下意識會主動將與這主題有聯繫的各種看法連結起來，找到可能是重要的組合後，這時就彷佛靈光乍現一樣，幫助你突破讀書瓶頸，找到解決問題的好方法。

用箭頭圖來提高思考力

當讀完一個段落，腦筋塞了太多想法，亂到無法釐清思緒的時候該怎麼辦呢？不妨把想法先丟出來，再放進去——使用「箭頭圖」思考法。

首先，把剛剛讀完的內容，重新在腦中溫習一遍，盡可能簡化成幾個重要的名詞，然後把這些詞彙全部寫在紙上，再依著步驟及方法將這些名詞之間關連起來，用箭頭來表示順序。在進行分類的過程中，也能夠訓練思考力。

做完箭頭圖之後，自然就能釐清概念，找到之間的從屬關係，這時候可以重新謄寫一遍，然後將這個圖像，讓眼睛用拍照的方式，記在大腦中。最好能夠熟悉到連閉起眼睛，腦海就能將箭頭圖浮現出來。這樣可以幫助複習或考試時，比較容易回想喔！

同樣的方法，也同樣可以應用於寫作練習或申論題。掌握題目的意義之後，接下來開始思考寫作大綱，當你因爲不知道「每段該寫些什麼內容？」而困擾時，這時就將腦中浮現的想法和相關的句子都寫在紙上，將同樣類別的內容，圈在一起，然後用箭頭表示情節發展的順序或者段落的起承轉合，這時候再下筆去擴寫，就能清楚掌握表達的內容。以這個方法常常進行寫作練習，自然就能大大的提升構思的速度。

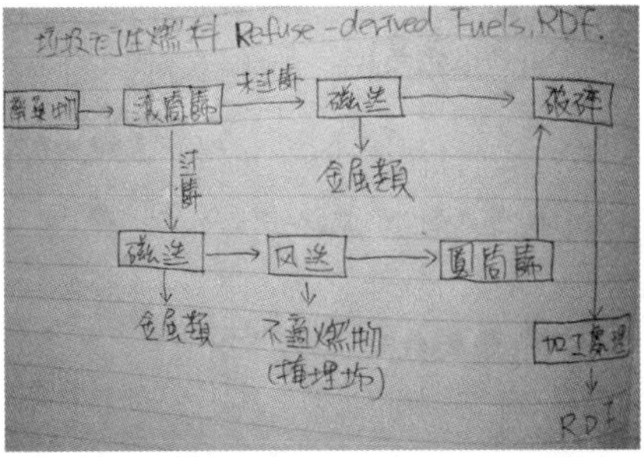

許立群提供

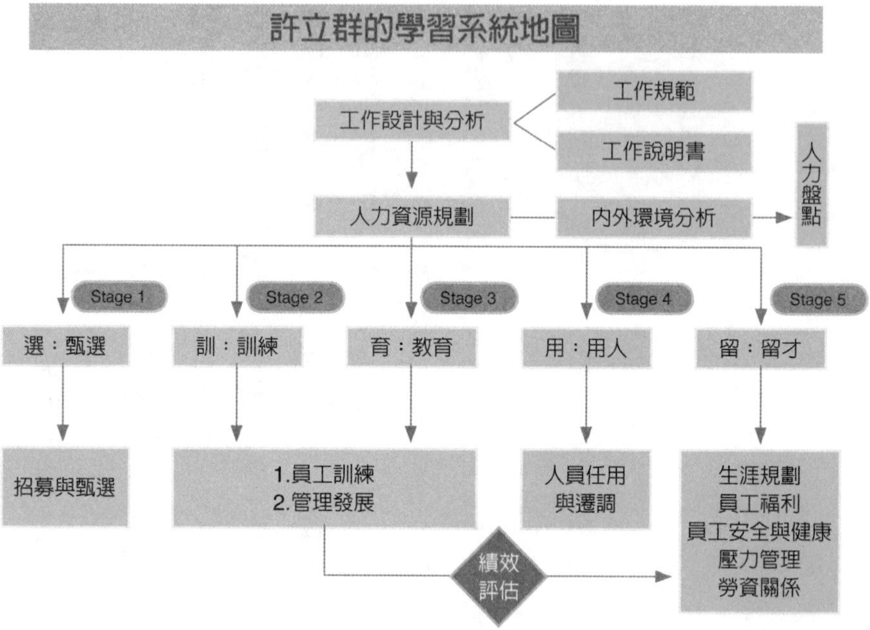

做自己看得懂的學習系統地圖

還記得之前提到，學習方法也有二○／八○法則嗎？

對於課程的主題，一開始先進行地毯式的學習，大量閱讀相關知識，然後篩選出其中二○%的主要關鍵字索引，並且根據索引，歸納出其他八○%的細節內容，之後想到該主題，就不需要記憶長篇大論的內容，只要記得關鍵架構的提示，其他相關的記憶，就能隨著掛勾一併提取出來。

一位博士生提到，他習慣在

讀書時，利用系統化的方式，把該門課程最重要的部份清楚列出，在心中建立學習架構。他以人力資源管理課程爲例說明，學生至少要在心中建立起「選」「訓」「育」「用」「留」的學習架構，將能更快地了解人力資源管理的中心精神。

這道理不僅適用於文科，對於理科的例題演算也同樣有效，只要能歸納出不同類型題目的解題要訣及公式運用方法，不管來的應用題目有多少題，都能以一擋百，變化無窮，但如果只會死記硬背考題解答，那麼只要數字改變，就馬上慌了手腳，不知道該怎麼解題。

製作學習地圖時，可以將訊息重點用顏色、大小及圖示作不同的區隔，讓下意識能夠直覺的分辨出不同要點的優先次序。

一時的失敗，可能是日後的好運

每個人的資質不同，有人是天才型，讀書不必多花時間就能考得好；有些人是努力型，得要勤能補拙，比別人多花三、四倍的時間才背得起來，也有人是機運型，明明成績優異，卻在考前失常，與理想志願失之交臂。

失敗之後，該怎麼面對呢？

有的考生垂頭喪氣地到新學校去報到，有的選擇重考之路，繼續爲理想志願而打拚。不論採取什麼樣的方式，在受訪的博士生們中，也不乏出現「在學習之路不甚如意」的情形，回想過去，有時會發現認爲「一時的失敗，可能反倒爲日後帶來好運」。

比如，原本國中時的成績可以考上第一志願，卻考到第二、第三或更後面排名的高中，在高中時，如果依然保持實力，成績往往也名列前茅，等到高三在推甄時，也就更有機會唸到自己想要的大學。

所以不要爲一時的失敗而灰心，取決於成功的理由，並不在於外在的環境與評斷，而是在於你內心對於自己的期許，以及不懈怠的努力結果。

博士生這樣做

用正面方式紓壓

隨著大考的日期一天天的逼近，適度的壓力能幫助自己激發潛能、完成目標，這

時如果發現自己常常頭痛、失眠、疲倦、心跳急速、胃痛或者不能集中精神時，表示身體已經因為壓力過大而開始發出警訊。

關於紓解壓力的方式，有人選擇狂玩電腦遊戲，頻上MSN跟朋友聊天或者大吃大喝來放鬆或「犒賞」自己讀書的辛苦，有博士生認為，這些比較像是逃避的方式，只會讓自己情緒更亢奮，身體更疲倦，當然更無法專注在讀書上，還是建議用「正面的方式」如聽音樂、運動來紓解壓力，對情緒和身體都有好處。

害怕英文閱讀，不妨翻譯和原著一起看

學習英文時，與其死背單字，不如大量閱讀英文文章，不但可以幫自己加快閱讀速度，也能夠熟悉應用句型及文法。

閱讀的內容，可以選擇英文報紙或雜誌，像是The China Post 出的Sunay Post，因爲是週報，中英對照，所以閱讀的份量以及程度比較不會造成入門者壓力。

在受訪的博士生們中，也有人會定期閱讀美國《TIME時代英文雜誌》，不但可以

幫助自己掌握時事，或者選擇自己喜歡的電影原著小說，增加閱讀的樂趣。

如果一開始害怕閱讀英文原文，覺得太難，無法理解，也不妨同時參照中文翻譯和原著一起閱讀。

在閱讀時，遇到不會的單字，就先畫線，寫在旁邊空白的地方，等到閱讀結束，再開始查單字的拼音及意義。

第二次閱讀時，因爲每個字的意思都已經了解了，就試圖一邊朗誦，一邊思考句子的意義，如果對於語意還是不了解，再參考中文翻譯來閱讀。

到了第三次閱讀時，就試著開口朗誦文章，尤其遇到優美的詞句，依照不同內容進行分類，抄錄在筆記本上，就可以當成寫作時的資料庫。

這麼一來，一開始可以減輕看不懂英文的心理障礙，一段時間之後，就能漸漸地習慣看原文，閱讀速度會逐漸提升，對於英文語感也會加強，在作答時，不再需要死背文法句型，文法也能達到一定的程度。

最重要的是堅持下去、持之以恆喔！

聯想法，使用比例高

讓我們作個實驗，下列這二十一個字母要你全部一字不差的按順序背起來，你需要花多少時間呢？「ANAPPLEADAYKEEPSTHEDOCTORAWAY」

但是，讓我們動個手腳，只要中間適度的加上空格，就能改成「An apple a day keeps the doctor away」。（外國俚語：一天一蘋果，醫生遠離我）

這麼一來，是不是很容易記憶呢？

增強記憶的方法很多，在受訪的博士生們中，發現會使用各式聯想法的比例頗高，有博士生就提到，例如難背的化學週期表，如果能運用同音聯想法，把化學符號的字轉換成同音的字，並且將前後的字串聯成有意義的句子，就會變得既有趣又不會忘記。

比如：化學中的鈉鎂鋁，想成「那美女」。

或者像是難記的資料，也可以利用故事聯想法，轉化成越誇張越有趣的動作與情節，就越能幫助記憶。例如台灣原住民共有十一族，分別爲噶瑪蘭族（平埔族）、阿美族、達悟族、卑南族、魯凱族、排灣族、布農族、邵族、鄒族、泰雅族、賽夏族。

轉換成故事性的情節就變成：噶瑪蘭（噶瑪蘭族）和阿美（阿美族）兩個人說好要去達悟（達悟族）玩，路上遇到卑南（卑南族）在賣便當，就跟他買了滷肉飯（魯凱族）跟排骨飯（排灣族），吃完之後嫌他的附湯不濃（布農族），料又少（邵族），咒罵（鄒族）到嗓子太啞（泰雅族）了，覺得今天很帶賽（賽雅族）。

遇到難記的內容而出現瓶頸時，如果可以使用聯想法，一來有活絡頭腦的效果，加上是自己想的，多使用幾次，保證忘不了！

用故事性的方式背史地

在學習史地時，最讓人頭疼的就是有許多需要硬記死背的知識。但是如果能把歷史當成故事一樣，每件事情的發生都有遠因近因，每個人物都有鮮活個性，這樣就會好記好背多了。

如果想要了解東漢末年的黃巾之亂開始，直到西晉統一三國為止的歷史，《三國志》是最好的歷史小說，想了解清朝史，可以閱讀二月河所著的《康熙大帝》《雍正皇帝》《乾隆皇帝》三部曲，或是閱讀高陽所著的歷史小說；對於國小、國中生，有博士生推薦較淺顯易讀的《吳姊姊講歷史故事》開始入門。藉由故事情節的牽引，在背書的時候，就能很自然的理解歷史發展的脈絡。

在背歷史相關內容時，可以將各年代的時間軸及發生的事件列成樹狀圖，並且參考國文及地理相關資訊，例如哪個朝代，發生了什麼事件，參與的文人有誰，文人是否曾作相關詩詞敘述當時處境，讓相關知識架構能夠互相關連，漸漸就能勾勒出了解各朝代皇帝間的相關關係、發生的故事以及亡朝的原因。

如果是延伸的相關事件，就得畫出支線表示，才不會亂成一團。

當了解整體架構之後，反覆默讀書中內文，把注意力專注於人名、年號、背景、過程等線索，才能更掌握考題重點。

準備地理科時，可以假設自己要出發去當地旅行，當成旅遊行程一樣進行規劃，想像到了當地要購買哪些特產、參觀那些名勝古蹟、需要注意哪些文化開始記憶，配合大量的圖片及說明，印象自然會更深刻。

用對心態來做題目，就不排斥

在台灣，考試變成老師了解學生程度的必要手段。尤其是當學生對於學習內容根本還來不及理解，就得變成蔣光超（講光抄）和貝多芬（背多分），將課本知識囫圇吞棗的硬塞進腦袋，那眞是痛苦到讓人聞考色變。

其實，如果用對心態來看待評量，就會發現做評量是了解自己所學的有沒有成效，最快的方法。

在學完一個概念或章節之後，就養成練習習作或單元測驗卷的習慣吧！在練習題目時不但可以了解學習重點，並且進一步檢視自己對這部分的了解程度，如果發生困難，也能及早進行補救。避免將問題累積到後來，不知如何下手的窘境。

若是要針對大範圍進行複習，則可選擇歷屆考題，各校考題進行練習。考試完之後，試著自己訂正一次，在翻書尋找的過程中，可以幫助自己重新複習，找到容易混淆的觀念或學習弱點，如果還有時間，不妨再做一次測驗，確認自己眞的完全了解，並且在答對的過程中，提高學習成就。

如果是練習考古題的過程中，可以進一步歸納出常見考題，整理出「必勝重點」，抱著「只要下次再考出來，我就一定能拿滿分」的心態，到時候，就算只考到相關概念，也可以延伸內容，拼湊出八九不離十的答案。

別當讀書狂

考試時，有很多人在時間壓力下，「不得不」熬夜讀書。但是這樣辛苦的讀書卻反而欲速則不達喔。

上帝對於每個人最公平的事情，就是每個人一天都有二十四小時。如果你熬夜讀書，這樣的讀書狂行爲，會對於應該在時間內完成的進度，有種「沒關係，看不完就熬夜」的心態，但實際上，卻因爲讀書時間超時，造成精神不集中，讀書效率差，更別提因爲長期熬夜，造成日夜顚倒，身體免疫力降低，肝功能下降的種種壞處。

如果你的讀書計畫一直沒辦法符合進度，除了需要調整計畫的可行性外，也可以觀察，讀書時自己夠不夠專心。有些人讀書時，先去上個洗手間，中途口渴又去拿飲料來喝，想到要找一本參考書出來參考，光是找書又花了一會兒時間。就好像機器運作時，如果一直發生啓動→休息→再啓動→再休息的情況，又怎能期望機器運轉到高速呢？

最好能按照生理時間來安排讀書及作息，但因爲每個人的讀書黃金期都不同，建議依照個人習慣適度安排，如果不得已而晚睡，也要記得補充維他命B群，幫助保護腦細胞，精神也會保持比較好的狀態。

量化成功目標

有時候讀書遇到瓶頸，是因爲覺得怎麼努力好像也沒用，有博士生認爲，要恢復信心，可以從完成每天的小成就開始。

因爲要完成最後的終極目標，例如考上第一志願，感覺好像可望而不可及，讓人覺得恐慌害怕，但是如果我們把這麼遙遠而偉大的目標，分解成短期的目標，讓人覺得容易達成而願意不斷進步，達成之後還能產生神奇的激勵效果。

不妨開始思考，從現在開始到考前還有多少時間，每天需要準備的科目有幾科，每科總共有多少章節，所以如果我在考前要全部讀完一遍，每天得如何安排複習進度。當你把這些計畫用量化的方式呈現，你就能很明確的訂立每天要完成的進度，這些就是每天要完成的短期目標。

就好像如果發誓「我要在一年內學好英文」，聽起來是不是很不實際呢？但是如果我們將目標訂立爲「我每週要讀完兩篇英文文章」，甚至是「我每天要背二十個單字」，這樣的目標就不是空口白話而已。

完成目標之後，記得在日記本上爲自己作個獎勵的記號，或者也能爲今天的讀書計畫評分，鼓勵自己繼續努力，即使沒有完成，也要詳細記錄，方便之後趕上進度。

交換筆記，發現盲點

考試時如果能找到志同道合的朋友一起努力，遇到低潮可以彼此砥礪，讀到不懂的地方可以一起鑽研，就能夠利用團體的力量，讓大家都能榜上有名。

就以作筆記舉例，如果自己作筆記，有時候因爲懶惰，難免有種「先簡單寫一下，反正看得懂就好了」的偷懶想法，但是如果是小團體一起讀書的情況下，就能定期交換筆記，讓每個人都有「一定要做好，不然會丟臉」的壓力，而且在觀看別人筆記的同時，也能發現自己讀書時疏忽的盲點。

如果參加的是研究所或公職人員考試，因爲需要蒐集的資料更多，也可以組成讀書會的形式定期聚會，大家可以互相交換情報與讀書心得，有系統地閱讀要考試的書單，安排讀書的進度，輪流導讀並且進行討論，如果遇到不懂的地方，程度差的人可以藉由提問找到解答，而程度好的人，也可以藉由解說的過程，重新複習一遍，甚至能發現之前沒注意到的盲點。

爲了讓讀書會的運作更有效率，人數控制必須在精不在多，也可以在徵求大家同意後，訂立團體規章，並且嚴格要求成員遵守，才能避免不必要的爭吵，專心於讀書內容的討論。

找回讀書的熱情

在受訪的博士生們中，有幾位都曾經對於「爲了考試制度而讀書」這件事，產生了疑問，甚至質疑。

不少莘莘學子整天K書，被考試的壓力折磨到垂頭喪氣，身體虛弱。但是，讀書一定要這麼不快樂嗎？

只要你找到對於讀書的熱情，你才能夠對準備考試的生活，充滿活力。

像是從小就立志要當律師的人，在念書唸得很煩的時候，就可以用律師的目標來激勵自己，告訴自己「對一個優秀的律師來說，怎麼可以被這樣簡單的問題打倒呢？」

或者，也可以想像自己已經成爲律師，協助人們的模樣，也可以重新燃起讀書的「戰鬥魂」。

這個方式，也就是所謂的吸引力法則，如果想要改變你的生命，就從改變思想開始做起，當你運用正面思考，積極的語言，和努力的讀書，好運自然而然就會降臨在你身上。

另外，也可以製作專屬自己的「快樂筆記本」，把所有自己累積的「成就」，不管是考試考了高分的紀錄，或者是受老師父母稱讚的言語，甚至是自己給自己的讚美，都寫進筆記本中，當自己覺得失望的時候，就打開筆記本，溫習這種快樂的感覺，也能提振讀書的心情喔！

兩個方法，增加你的成就感！

有時候，增加念書的成就感，也是讓自己繼續向前的動力。

尤其是面對一本本又厚又重、又深奧的書時，博士生會採用什麼方式來增加自己的成就感呢？

一位博士生就說，如果覺得每天背著大包小包的書很累人，可以按照每天的讀書進度，將參考書拆開，這麼一來，每天就只需攜帶要讀的內容，讀完之後，再將內容消化吸收成筆記上的重點後，將讀過的部分丟掉。每丟掉一本書，就代表消化完一本書的內容，會讓人感覺到很有成就感喔！

此外，也可以在每天念書前，先將書桌清空，然後再將念過的課本、參考書或作業、題目等放在左上角，當念過的書累積的愈多，就愈有成就感。

07 博士生搶分不藏私

想搶分嗎？除了使用考試策略外，平日就要有良好的生活習慣，並且要訓練邏輯思考力，同時也不能只當書呆子，看看博士生們怎麼做！

運動，是大考體力的來源

大考只有一次，可說是「畢其功於一役」，身經百試的博士生們，均認爲擁有良好的體力十分重要。

運動，正是體力的來源。

運動跟念書看似沒有多大的關係，但運動可以讓體力變好，而念書其實需要很強的體力，幫助身體比較不易疲勞，一旦體力變好，也會促進腦細胞的活動，念書的專注力將更加提高。

首先，讓我們來了解博士資格的取得方式。

要取得博士資格，首先必須將博士班兩年來的科目修完，並考過資格考後，方能成爲「博士候選人」，然後開始著手寫論文，取得博士資格。

所謂的資格考，很可能從早上九點到下午五點，中間未必可以休息，科目數量視各系所而定，但都十分繁重（如七科、五科）。

這麼重要的考試，足夠的體力是十分重要的，博士生們多半會有運動的習慣，如游泳、打球、爬山、跑步等。

也有博士生除了平日的運動外，在大考半年前就開始健身。

更有博士生在從事較慢速的運動時（如爬山），會順便將之前所唸的部分重新組織、整合一次，增加記憶力。

不論是哪一種運動，持續地進行是最重要的，就從現在開始儲存好體力，迎接大考的來臨吧！

博士生這樣做

結束一天的讀書後，利用半小時玩電玩！

「每天玩半小時的電玩，很重要」——有博士生認為，尤其愈接近考試，在結束一天的讀書後，玩半小時電玩，可以釋放掉一整天都在讀書的壓力。

為了不讓大腦因玩電玩太過刺激，反倒睡不好覺，電玩的類型也要有所選擇，以過去就有在玩，且非online game為主，如此一來，既不會因為是未接觸過的電玩而急於破關，也不會為了要對戰而捨不得離開電腦。

大項記好，小項就會寫

考試、答題時是有一些小撇步的，尤其是越高層級的考試，不再只有是非、選擇題這種純粹測驗記憶性的考題，取而代之的是需要肚子裡有點墨水的申論題。

面對題目只有短短幾句話的申論題，要怎麼作答呢？尤其是考試時一緊張，腦筋一片空白，眼看就要開天窗了，怎麼辦呢？

多位博士生都採取了「記大項」的技巧。

首要步驟就是先把課本裡的標題記牢。有了標題，內容再自由發揮，至少不會偏離主題。

標題即是重點，答題時應盡量跟課本的標題一致，尤其是專有名詞，切勿用自己的話來寫標題，這樣顯得不夠專業。

有了大標題，內容就可以用自己的話寫，並且發揮自己的獨到見解，考試能不能脫穎而出，就看答題是否了掌握主旨、又能創新。

在時間來不及複習的時候，至少一定要將標題記牢，閱卷老師一定是先看標題寫的對不對，內容再稍微看一下。因此，掌握標題也就等於掌握了答題的重點。

從看漫畫來學習，想不到吧！

「書都讀不完了，怎麼還浪費時間看漫畫？」很多父母對漫畫都有刻板印象，認爲看漫畫是荒廢學業，甚至禁止孩子看漫畫。

眞的是如此嗎？

在訪問的博士生們中，發現不少博士生提到漫畫時，都能侃侃而談。筆者赫然發現：原來，看漫畫的人有兩種，一種是當娛樂看，另一種就像博士生們所說的，看漫畫也可以學習各種資訊。

有博士生認爲，許多漫畫作者，在進行作品前會針對該題材進行研究，從理論、學術等根據來設定故事情節。

像是《東大特訓班》就介紹很多讀書的方法，例如：不要討厭數學，把數學當成是一種名爲解答，享受完成感的遊戲；準備數學的方法，首先是接觸大量問題，看到問題後，三分鐘內在腦中開始解題，然後看解答，如果解題法和自己想的一樣，就當成這題已經完成，如果解不出來再看答案，幫助自己快速接觸大量問題。

其他像是《夏子的酒》中，可以了解侍酒師的故事，學習侍酒的方法，也學到了「環境保育、永續經營」的概念。從《源氏物語》中學習到人生的意義，即便是少女漫畫《凡爾賽玫瑰》中，對於法國大革命相關發展也有所著墨。

如果你也是愛看漫畫的人，不妨把漫畫當成自己讀書的獎勵吧！規定自己每天在完成既定進度後，看一章漫畫，不但可以藉由定期的放鬆抒壓，讓自己讀書能夠更加專注，也可以加強自己繼續讀書的動機，而且在看漫畫的同時，也能獲得額外的知識，可說是一舉三得。

漫畫、武俠小說，也能訓練不同能力

漫畫對考試雖然沒有直接的幫助，但想像力會比較豐富，如果可以將想像力妥善地與書本連結，就可能對考試或念書有間接的幫助。

有博士生以《海賊王》為例——《海賊王》中的橡皮人魯夫在與雷神愛涅爾對打時，誰會贏呢？

在看漫畫時，不妨先想一想答案。這題的正確答案是魯夫，不是因為他是主角，而是因爲「電」對「橡皮」而言，是沒有效果的。

看漫畫時，如果只注重劇情和新鮮感，自然不會有訓練想像力及邏輯力的效果。

除了漫畫外，也有博士生認爲，金庸小說內有白話文加文言文，對作文有一定的幫助，但建議閱讀的時間要分配好，以免影響到念書時間及眼睛過於疲勞。

博士生這樣做

這些漫畫都推薦

日本漫畫家橫山光輝所繪的《三國志》漫畫，雖然是一部很舊的漫畫，但因為改編流暢，文句也很通順，對於想用漫畫來訓練想像力及邏輯性的人來說，不妨一讀。

描寫棒球的漫畫《H2》、描寫美食的《將太的壽司》，均能讓人感受熱情與奮發向上的決心，尤其適合需要激勵的人。

讓正面思考的力量發光

有句話說：「相信自己絕對做得到，是成功的第一步。」

在準備考試時，或許你的心承受著極大的壓力，感覺有讀不完的書，考不完的試和周遭親友的壓力。

面對讀書的瓶頸及挫折，你需要正面思考幫助你度過難關。

所謂的正面思考，是指當你面對挫折時，學習用積極的態度看待問題，找出解決的方法來迎接挑戰。正面思考並不是要你考不好時，也能夠樂觀的看待，而是讓自己擺脫負面的情緒，提醒自己：「就算是不高興，對於成績一點幫助也沒有。」，並且反問自己「應該怎麼做，才能考的更好？」

心理學上將這種方法稱之爲自我暗示。

舉例而言，當我們壓根就討厭數學，心裡常常碎碎唸著「就算我算了一百遍，我也搞不懂啦～」，這樣的負面力量，會讓我們只要一翻開數學課本，連題目都還沒看完，就開始覺得頭疼，心情覺得煩躁。

但是，如果能轉換成正面的力量，當考試考不好的時候，告訴自己：「這次考試幫我找到之前沒有搞清楚的地方，只要訂正完考卷，把這些問題弄清楚，下回我就能考高分。」

尤其在考前緊張的時候，正面思考的力量更是有用。試著閉起眼睛，慢慢地，一邊數到三，一邊深呼吸，張開眼睛，告訴鏡子裡的自己：「加油！只要表現實力就好，根本就不需要緊張！」以此幫助自己緩和情緒，不會因爲緊張而失常。

給容易粗心的人——請在考卷上畫線

「怎麼會這樣？平常明明都會的東西，到了考試時，總是因爲粗心而失分！」

如果，你也是「容易粗心者」，那麼平日考試時，就請養成在考卷上畫重點的習慣。

所謂的考卷重點，指的是類似「何者正確」「何者爲非」「下列哪一個不是……」等容易讓人

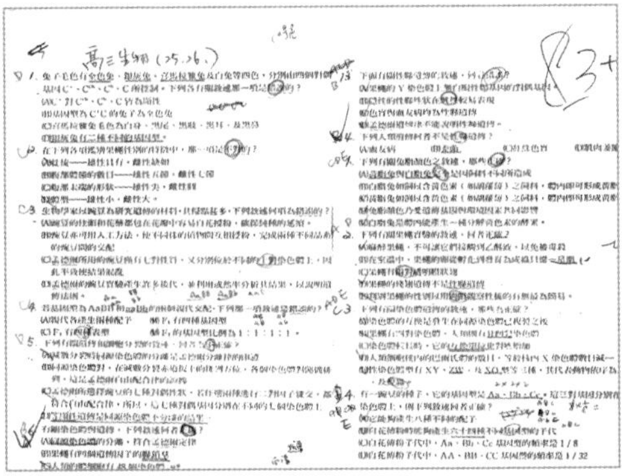

林宛嫻提供

失去戒心的關鍵字，很多人在考試後都認為自己考得不錯，等到拿到考卷、看到分數時，才扼腕自己沒看清題目，實在很可惜！

為了不讓這樣遺憾的事情發生，在平日寫題目時（不論是小考或寫作業），就養成看到題目，就立刻提防戒備，在關鍵字處畫線以提醒自己，搶回更多原本就該屬於你的分數喔！

給不愛做規畫的人——再怎麼不想做規畫，也可以做到

每個人的個性不同，有人喜歡將讀書規畫做得十分仔細，當然也有人相反。

在受訪的博士生們中，也有人不喜好做細部讀書規畫，仍然可以在考試之前將書全部讀完，並且順利地通過考試。

到底，這些不做細部讀書規畫的博士生們，要如何面對範圍又深又廣的考試呢？

答案是，只要比該達到的時間提早設定完成日，就可以了。

比如：二十日要交報告，就在時間規畫表上設定十日要完成。

如此一來，心中自然就會出現「十日要完成」的提醒。

只要在平日時就將需要的做的事一點一滴的做完，那麼，時間規畫只需要爲了突然的任務或「急迫」事項再規畫即可。

由於一開始時無法確定自己平日做的夠不夠，所以在一開始念書時，進度會先抓得緊一點。等到大考前兩週，再開始密集地念書。

如果平常該念的書都念不完，又如何在短時間內念完？所以，再怎麼不想做規畫，也要掌握「進度超前」的念書法。

博士生這樣做

從急迫性VS.重要性來判斷

博士生們除了念書外，通常還會有其他的活動要進行，如擔任教學，或在職博士生。在事情很多、功課又很重的情況下，博士生們要如何判斷什麼事先做呢？

有博士生採用「急迫性VS.重要性」象限的方式，

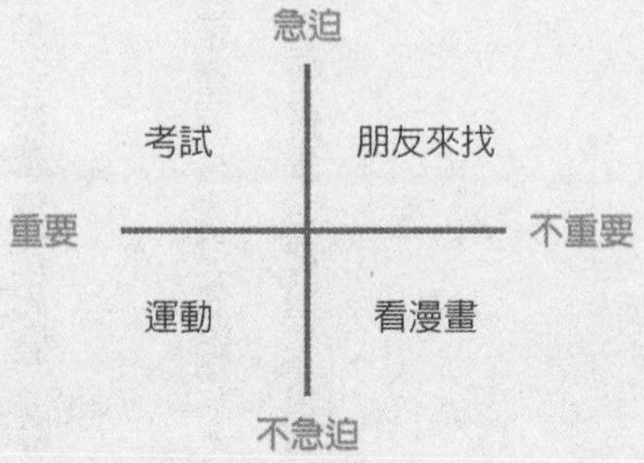

將手邊的事情歸成四大類。這麼一來，很容易就可以看出哪一件事情要先做，哪一件事情可以延遲。

比如，考試兼具重要性和急迫性，是首要先做的事；運動是重要性大於急迫性，是第二要做的事；朋友來找，是急迫性但非重要性的事；看漫畫是不急迫也不重要，可安排最後再做。

給不愛寫重點的人——採用白紙、留錯策略

在受訪的博士生們中，有很會做重點筆記的人，也有不愛做重點筆記的人。

不愛做重點筆記的人分爲兩種，一種是只在課本上寫重點，之後不會特別再謄寫。念書的時候，只需要拿出幾張紙，在紙上寫出自己最不熟的，或最需要注意的地方。大考之前也是如此，考完後就丟掉了。

所以，別人是一本本的筆記，完全不謄重點的人，只需要幾張紙就ＯＫ。

另外一種不愛做筆記的類型，屬於只做一次筆記，就不再濃縮。

第一次的筆記，很可能有錯誤的地方，當借筆記給同學時，被同學告知有錯誤的地方，有博士生會刻意不更正，原因是：留下錯的，更容易記住。

不論是在考前才以白紙寫重點，或是故意留下錯的，都相當於是告訴大腦——這些部分要特別記得。

平日就養成「爲什麼」的思考方式

不論是課外讀物、甚至課本，當看到一個說法時，都可以想一想：「爲什麼？」「眞的是這樣嗎？」「這個說法有什麼疑點？」「它還可以怎麼用？」

當我們用著一個好奇的心態來鑽研知識，就更能夠避免先入爲主的見解，深入探索內涵，藉由自身經驗的對應，更能全面性的瞭解知識的全貌。

針對課本的內容或題目，也是同樣的道理，有

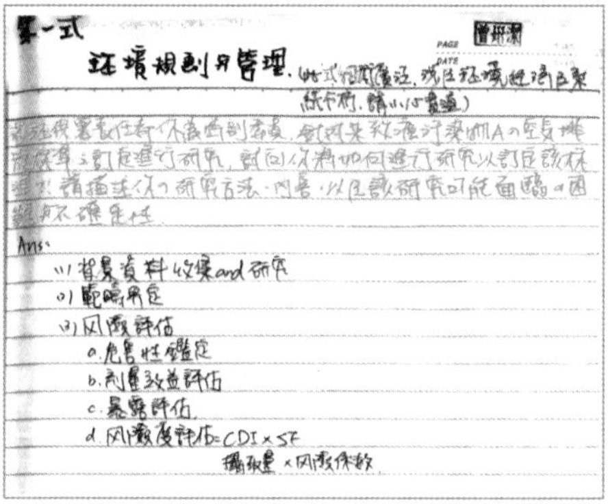

曾妍潔提供

博士生在寫重點筆記時，也會運用這樣的思考模式，在筆記上做註記，提醒自己要多留意。

台灣的孩子在學習過程中，常常聽到大人說「反正背起來就對了」，缺乏「敢想、敢問、敢說」的習慣，所以在課堂結束前，當老師提問，「同學們，剛剛講的內容有沒有問題？」同學們的反應通常是鴉雀無聲，或者低著頭不敢回答。長大之後，到了工作的場合，對於長官提出的要求，就算不合理，也只能默默的承受；也可能因爲怯於表現，而喪失受肯定的機會。

有人說「學問，要學就是要問」，想要深入學習，就要從「提出問題」開始訓練自己，不妨從最簡單的5W1H開始自問自答：誰（Who）→什麼（What）→爲什麼（Why）→何時（When）→何地（Where）→如何（How），然後再就內容上有疑問的地方，再更進一步思考，或藉由課堂詢問、自行查書上網找資料的方式，找到解答。

養成「爲什麼」的思考方式，不但能夠幫助思考力的提升，有博士生認爲，對於寫作的練習也很有用喔！

用「未來的自己」來寫鼓勵語

爲了要激勵讀書情緒，我建議可以製作讀書標語，提醒自己繼續加油努力，不妨運用心理學上的「自我暗示」法，把標語當成是魔咒一般，爲成功之路加上魔法，喚醒潛意識中的無限潛能。

在製作勵志標語時，一定要簡潔有力，方便自己重複唸誦；而且必須應用積極性的文字，例如「我要上台大」，反之，如果你說「我不要落榜」，那麼「落榜」的負面能量就會成爲心裡的陰影；此外，爲了要加強魔咒的影響力，可以訂立一些可行性高且能快速達成的目標，例如「期中考前三名，建中就不遠了。」幫助自己更堅定讀書的信心。

有位博士生說，他會以「未來的自己」爲主詞，在成爲博士候選人的資格考前，告訴自己「醒醒吧，博士候選人，要念書了！」，在通過資格考之後，他則改爲「繼續努力吧，博士生」來肯定自己。把自己定位在更高的水準，讓自己往這個目標持續前進並達到成功。

在寫勵志標語時，除了可以用較大的便利貼貼在書桌上、課本及筆記夾頁中，也可以製作又大又明顯的勵志語貼在牆上喔。例如博士生就會在白紙上，以黑色麥克筆來寫勵志語，並且在黑字後方要加上強調的黃底，讓視覺更明顯，記得，貼在牆上的字，要寫得大才看得見喔！

博士生這樣做

用這些勵志語

做第一名的自己。

機會是永遠留給準備好的人。

撐過撞牆期，就能見青天。

資考我不怕，一本打天下。

讓情緒挫折成爲搶分跳板

在大考之前，如果遇到失戀或者另一半劈腿時，很容易陷入強烈的負面情緒之中，積壓在心裡，感覺一定很不舒服，但是如果爆發出來，更容易造成與外界的隔閡與衝突，那麼又該怎麼辦呢？

有博士生以自己的經驗爲例說：就讓失戀挫折成爲搶分的跳板。

首先，傾聽自己內在的想法，讓自己明白有這些情緒都是正常的，但是不要因爲這件事情而喪失信心，陷入自怨自艾的泥淖之中。

再來就是要化悲憤爲力量，把負面的情緒，轉化成自己繼續讀書的動力，可以寫下標語「等我考上之後，你會後悔離開我」，或是「天涯何處無芳草，現在你拒絕我，之後輪到你求我」，刺激自己發奮圖強念書，或者試著找人傾訴，藉由運動、寫日記等方式宣洩，但是不管用什麼方式，千萬要記住在每次抒發完情緒之後，還是要回歸到正面思考，提醒自己朝目標而努力，通常等事過境遷，你會發現，之前那麼在意的人，似乎已經不再那麼重要了。

博士生這樣做

給自己一個清除挫折的儀式

有時候，一個小小的儀式，代表了「告別挫折的決心」。以失戀來說，可把對方的簡訊、照片一口氣全刪了，把周遭關於對方的一切，全部清除，別讓自己再觸景傷情。或是出門走走，甚至到海邊大喊也無所謂，重點是在發洩完情緒之後，告訴自己，「難過，到～此～為～止～」。

預留「思考捷徑」＝達陣策略

台灣的出題老師會偏好某幾類考型，只要多練習題目，就能幫助搶分，尤其是數學科，更是需要利用題目練習，增加解題的熟練度，甚至看到題目，就能出現「反射動作」，不用想就知道答案。

或許，有人會認爲「其實看詳解就能夠知道題目的解法，爲什麼還要浪費時間做紙筆練習呢？」

博士生提到，如果沒有實地操練，就像紙上談兵一樣，只是模擬他人的想法來解題，並不代表自己眞的已經學會。

此外，只是理解該題的解法也是不夠的，最好還能找到每個概念常考的類似問題，在看到題目時，就能判斷，「這題要考的重點是……」在腦中快速對應解題方式，套用題目的相關數字，就能快速轉化成答案。如果練習的時間有限，就以參考書上的題目先做，有額外的時間，再做評量。

這是因爲大腦思考的專注力有限，如果針對一個問題思考太久，容易疲乏，反應也會變慢，所以如果預先能爲每個考試主題預留「思考捷徑」，遇到複雜的解題步驟時，就能幫助大腦節省運算時間，減少思考疲乏之時，因爲粗心而犯下的錯誤。

考前半年，複習規畫重搶救

距離考試半年的期間，可用分數加上對於各學科的興趣來評估自己的強弱科目，例如對於某些科目感覺能夠很快抓到重點，甚至能舉一反三，觸類旁通，那麼就可以歸到強項。在各科由強到弱的排序後，就能安排之後主攻的方向。

每個人的時間是有限的，尤其在考前衝刺的階段，更是分秒必爭，針對不同科目，需要有不同的讀書方法，有效分配各科的閱讀時間及方法。

例如數理科目內容，不能死背公式，而是必須要靠邏輯思考來增加推理和理解能力，才能應付不同的題型變化，如果之前都已經對於課本內容已經充分瞭解，考前半年，每個月只要安排不到十天來練習數學考古題或練習題，其他時間複習較不擅長的科目。

文科的大量內容，經過分析整理後，資料已經大量濃縮，若能搭配圖表複習，能在短時間喚醒記憶，或以關鍵字爲基礎，將相關知識進行包裹式記憶，遇到相關的考題，頭腦自然會像搜尋引擎一樣，搜尋出相關的知識概念。

其他的時間拿來安排作相關知識的補充，國文可以準備「名言佳句」，看到好的句子或文章段落等，就抄在筆記裡，並且思考在考場上如何融會貫通，轉化爲自己的語言，才不會淪爲八股的生硬文字。英文科目的考前重點，盡量以閱讀文章輔助單字背誦，遇到不會的單字、片語及優美句型，馬上抄在筆記本上，遠比硬背單字，更容易記憶。

另外，最重要的是要搶救自己最弱的科目，千萬不要有放棄的心態，因爲弱科的進步幅度最大，專攻考古題進行練習，只要能掌握考試趨勢，總體成績平均起來非常可觀。

考前半年，中等弱科先複習

如果，你的弱勢科目眞的弱到不行，而且再怎麼複習也救不起來時，該怎麼辦？有博士生建議：「在考前半年，就從中等弱的科目先複習。」從有點兒弱，又不會太弱的開始複習，如此可以在最短的時間內讓分數增加最多。

不管科目強弱，如果抱著用強的科目來彌補中等弱及最弱科的想法，只攻強科，完全不顧其他科目，實在很可惜——再怎麼不想補弱，都請針對有點兒弱，又不會太弱的中等科目開始加強複習。

由於距離考試時間已經不多，對於不拿手的科目，只要就之前作錯的題目開始訂正，找到錯誤的原因，並且輔助考古題進行考前猜題，能記多少算多少，不要再多花時間作整體性閱讀，既耗時又很難馬上看到成效。至於拿手的科目要持續保持熟悉度，經常性練習，保持作答的手感，以細心來奪得高分。

而中等科目，才是往高分邁進的關鍵，因爲對於該科目，已經有基本基礎概念，只需要針對不清楚的或者容易混淆的部分進行釐清，就能在最短的時間內讓分數有跳躍式的進步。

但是對於有加權比重的考試，即使是不拿手的、再怎麼不喜歡的科目，也不能放棄。此時搶分的秘訣就在於「把握重點」，只要是重點，就一定要記、要會。這麼一來，就不會因爲加權的問題而錯失良機了。

沒時間了~拉分最重要

擅長考試的博士生又是怎麼擬訂讀書的戰略計畫呢？

當距離考試時間還很長的時候，每科科目的時間都應該平均分配。

但是，到了接近考試的時候，與其把時間花在不熟的科目，浪費時間，不如將拿手的科目加強。最後有時間再來唸不拿手的，這是搶攻分數的絕招——「拉分法」。

複習時從最拿手的科目開始下手，一來可以增加信心、二來可以鞏固自己的實力。基本的分數掌握了，要衝高分數就不是這麼困難的一件事了。

另一個好處是，最拿手的科目往往是自己最感興趣的，藉此提高了自己的學習興趣之後，再去讀不喜歡的科目，也就不會感到這麼痛苦了。

上考場之後，也建議從最有把握的題目開始作答。先答完有把握的題目，可以安定考試緊張的情緒、增加信心。

遇到困難的題目可以先跳過，避免花太多時間在沒有把握的題目上，而失去可以掌握的基本分，就得不償失了。

因爲考試的結果是加總每科的總分，所以最弱的科目還是不該輕言放棄。但是當複習的時間不夠的時候，耗費過多的時間、精力，去拉高自己最不擅長又不熟悉的科目，就缺乏經濟效益。

總之，把握弱科的基本分、讓中等弱科變得更強，並衝高強科的分數，便是接近考試日期時所應擬訂的戰略計畫。

考場搶分秘訣就在於時間的掌握

如果你參加的是「題目不多」的考試，拿到考卷之後，別急著作答。不妨先將題目快速瀏覽一遍，將題目區分爲困難、中等、容易三種類型。先作容易題，這些是基本分數，一分也不能掉，所以務必穩扎穩打，細心作答。然後再作中等題，這些題目通常偏向應用方面居多，需要抽絲剝繭，思考出題老師要考的重點是什麼。

通常考卷中這種題目會占一半以上的比例，所以要注意控制時間，避免考試時間不夠用。最後再作困難題，這些題目通常分數不多，有時間就盡量答，答得不好也不要氣餒。

如果遇到題數很多的狀況下，就用題數分配作答時間。遇到難題如果完全沒有作答的把握，或解題出現困難時，就應先跳過，等到最後有把握的題目都做完之後，再回頭去解之前未答的難題，避免因爲難題影響考試情緒，並且延宕整體作答時間。

常常有人在考後才因爲看錯題目丟分而扼腕，爲了避免這樣的情形，當感覺自己注意力不佳時，可以拿著尺，強迫自己一行一行的把題目詳細審閱一遍，確定題目意思之後再作答，作答過程中，如果有不確定的題目，也可以在題目卷上作記號，如果最後還有剩餘時間，再回過頭，針對作記號的問題再檢查一次。

我的勵志語

在左邊寫下屬於你自己的勵志語，為自己加油打氣！

國家圖書館出版品預行編目資料

向博士生學K書眞本事── 人人可用的讀書搶分秘訣 / 讀考密技情資小組
著. -- 初版. -- 臺北市：如何，2011.03
192面；14.8×20.8公分. --（Happy learning；108）
ISBN 978-986-136-280-9（平裝）
1.學習方法 2.讀書法 3.記憶

521.1　　　　100000481

The Eurasian Publishing Group
圓神出版事業機構
用心與你對話・視野無限寬廣
如何出版社
Solutions Publishing

http://www.booklife.com.tw　　inquiries@mail.eurasian.com.tw

Happy Learning 108

向博士生學K書眞本事——人人可用的讀書搶分秘訣

作　　者 / 讀考密技情資小組
發 行 人 / 簡志忠
出 版 者 / 如何出版社有限公司
地　　址 / 台北市南京東路四段50號6樓之1
電　　話 /（02）2579-6600 · 2579-8800 · 2570-3939
傳　　真 /（02）2579-0338 · 2577-3220 · 2570-3636
郵撥帳號 / 19423086　如何出版社有限公司
總 編 輯 / 陳秋月
主　　編 / 林振宏
專案企畫 / 賴真真
責任編輯 / 林振宏
美術編輯 / 劉嘉慧
行銷企畫 / 吳幸芳 · 涂姿宇
印務統籌 / 林永潔
監　　印 / 高榮祥
校　　對 / 李靜雯 · 林振宏
排　　版 / 陳采淇
經 銷 商 / 叩應股份有限公司
法律顧問 / 圓神出版事業機構法律顧問　蕭雄淋律師
印　　刷 / 祥峰印刷廠
2011年3月　初版

定價 250 元　　ISBN 978-986-136-280-9　　